LANDSITZE & STADTPALAIS AUF

MALLORCA

LANDSITZE & STADTPALAIS AUF
MALLORCA

MARELLA CARACCIOLO
◆
FRANCESCO VENTURI

GRUND GENUG

DIESES BUCH IST NICOLAS SAPIEHA GEWIDMET

Grund Genug Verlag und Werbe GmbH
Mittelweg 120, 20148 Hamburg, Deutschland
in Zusammenarbeit mit KEA Publishing Services Ltd., London

Projektkoordination auf Mallorca: Antonio Obrador

Design: Barbara Mercer
Redaktion: Judy Spours
Produktion: Elizabeth Harcourt
Karten: Sarah Jane Stafford

Die Deutsche Bibliothek – CIP-Einheitsaufnahme
Landsitze & Stadtpalais auf Mallorca / Marella Caracciolo;
Francesco Venturi. [Dt. Bearb.: Bettina Prinzessin Wittgenstein;
Daniela Zimmer. Übers. aus dem Engl.: Noreen Roeder].–
Hamburg: Grund Genug Verl., 1996
Engl. Orig.-Ausg. u. d.T.: Houses & palaces of Majorca
<dt.> ISBN 3-9805147-0-6
NE: Caracciolo, Marella; Venturi, Francesco; Spours, Judy [Red.];
Wittgenstein, Bettina Prinzessin [Bearb.]; Landsitze und Stadtpalais auf Mallorca

Deutsches Layout: T+B Werbeteam, Hamburg
Filmerstellung: Dammtorsatz, Hamburg
Farbgebung: Amilcare Pizzi, Mailand, Italien
Druck: Amilcare Pizzi, Mailand, Italien

Autorin und Photograph danken folgenden Personen für deren Unterstützung und Gastfreundschaft:
Paco Carvajal; Mario Cilimingras; Grillo Demo; Michael und Diandra Douglas; Fernando und Maria del Carmen Fortuny; Phillip und Diana Harari; Paca Iglesias; Ben und Yannick Jakober; Cristina Macaya; Juan Luis Mitjans; Antonio Obrador; Mimia Rodriguez Mori; Leslie Spitz; Juan und Gloria Truyols; Clara Urquijo; Felipe de Villalonga; Christian Völkers; Natasha Zupan; und Celia für das größte Geschenk der Welt.

Sowie: Ayuntamiento de Palma; Jose Maria und Juan Bauza de Mirabo; Francisco und Mercedes Conrado; Tatjana Dumas; Margalida Ferrá i Boutroux; den Grafen von Fontaner; Lorenzo und Inmaculada Fluxa; Mr. J. Hillgarth; Vicente Homar y Ferrer de Sant Jordi; der Familie Jaume; der Familie Juan de Sentmenat; der Familie March Cencillo; Julio Martin; der Familie Nigorra; der Familie Oleza; Cristina Oliver; Patrimonio Nacional; Antonio Puente; Isabel Ribas; Jean Pierre Rousselet; der Familie Garcia Ruiz; Cristobal Segui Colom; der Familie Sevilla; der Familie Truyols; Joaquin und Pilar Vidal; Catalina Zaforteza; Tomas und Carmina Zaforteza; Jose und Dolores Zaforteza Delgado; den Grafen von Zavella.

DENARIO

Der Herausgeber möchte Denario in Palma de Mallorca für ihre unschätzbare Hilfe, Koordination und die Überlassung ihrer Büroräume besonders danken.

HALBTITELSEITE: *Teilansicht des Kamins im Eßzimmer des Palacio del Rey Sancho, Valldemossa.*

TITELBILD: *Teil des Gartens von Bendinat, Calviá, angelegt 1865 von der ungarischen Gräfin Erzsébet Széchény.*

UMSCHLAGSVORDERSEITE: *Der Hof von Son Moragues, Valldemossa.*

UMSCHLAGSRÜCKSEITE: *Arbeitszimmer im Erdgeschoß von Son Berga, mit verschiedenen Papierausschnitten, die auf das Ende des 19. Jh.s hinweisen.*

INHALT

Die Mauern des Innenhofs von Son Berga Nou sind mit verschiedenen architektonischen Reliefs geschmückt, die von zerstörten Häusern in Palma stammen und von der Familie gesammelt wurden.

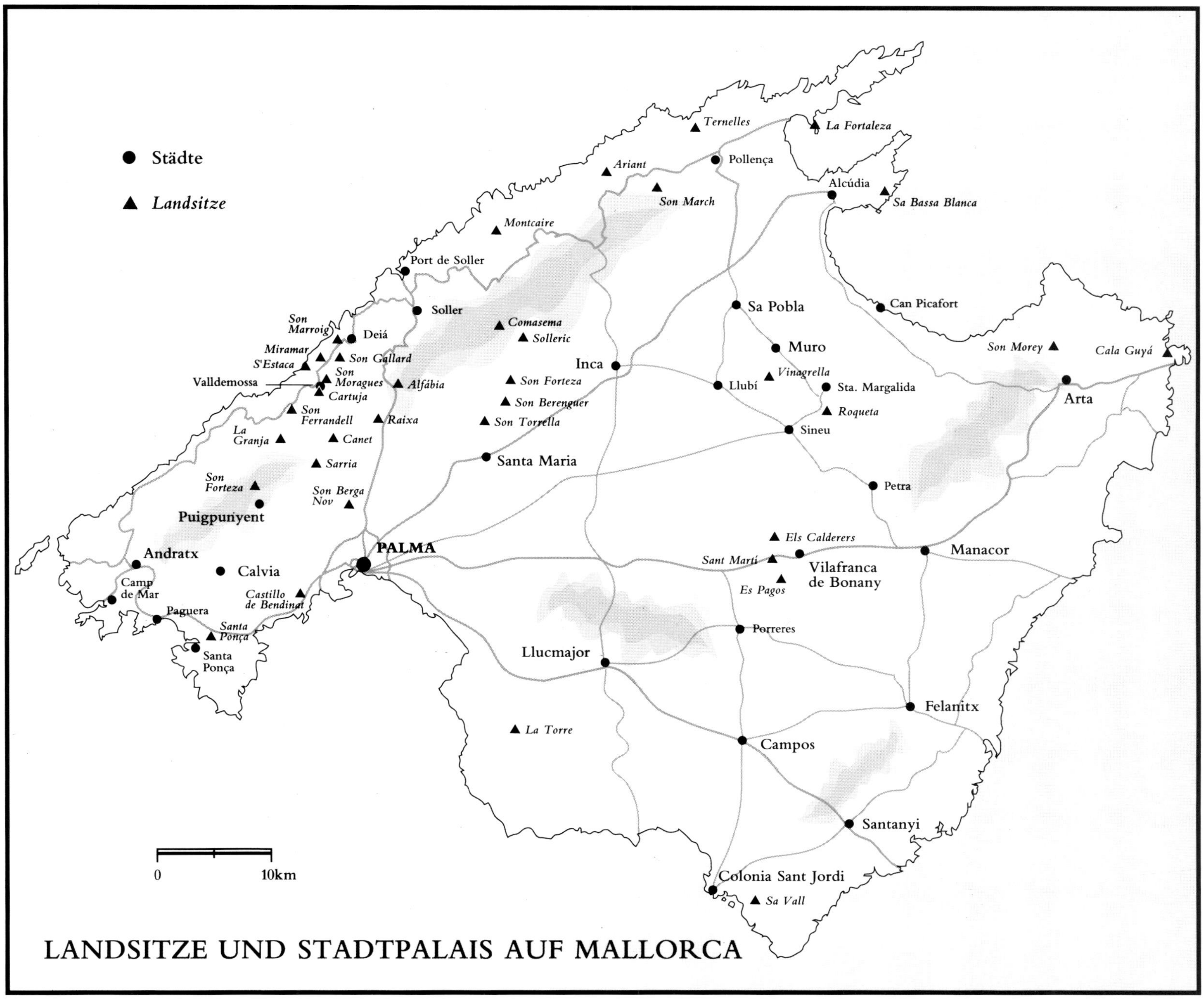

SEITE 8/9: *Teilansicht der Fassade von Miramar, Deiá.*

Vorwort

Diandra Douglas

Meine Liebe zu Mallorca begann in den verträumten Jahren meiner Kindheit. Ich hätte mir kaum eine himmlischere Umgebung zur Anregung meiner Phantasie wünschen können. Es waren Tage voller Abenteuer wie z. B. die Ausritte auf einem Esel auf der Suche nach alten Römerstraßen inmitten üppiger, grüner Berglandschaft mit Blick auf einen endlos scheinenden, mediterranen Horizont.

Der Schmelztiegel Mallorca kann auf ein reiches Erbe aus vielen Kulturen blicken, angefangen mit den Völkern aus der Bronzezeit, die Kultstätten aus riesigen Steinen errichteten – wie diese Steine bewegt wurden, entzieht sich jeglicher Vorstellungskraft. Sie sind denen von Stonehenge erstaunlich ähnlich und stehen noch heute an der Nordküste als Mahnmal einer Zeit voller Magie und Wunder. Später machten die Phönizier Mallorca zu einem der reichsten Häfen auf der Handelsroute für Purpur. Sie brachten nicht nur feine Seidenstoffe und Gewürze aus dem Orient auf die Insel, sondern auch ihre Kultur und handwerkliche Fertigkeiten wie Weben, Töpfern, Gold- und Silberschmiedekunst sowie den Weinanbau. Da die wohlhabenden Händler für die Piraten ein begehrtes Ziel waren, wurden auf Mallorca steinerne Zitadellen errichtet, die man noch heute auf verschiedenen Gipfeln der Insel sehen kann.

Die Zitadellen beeinflußten die Bauweise der mallorquinischen Landhäuser, die sowohl Gehöfte als auch Festungen waren. Heute können wir anhand dieser Häuser die Entwicklung der mallorquinischen Architektur während der römischen Invasion und der späteren arabischen Besatzung erkennen. Viele bauliche Einzelheiten wurden von diesen großen Kulturen geprägt. Ausschließlich praktische Gründe veranlaßten die Römer, ein Straßennetz, das die ganze Insel überzog, sowie Festungen, die immer nur einen Tagesritt weit auseinander lagen, aus handgehauenen Steinen zu bauen. Im Gegensatz dazu hatten die arabischen Besatzer eine Vorliebe für Verspieltes und Extravagantes wie z. B. die flachen Bögen und bemalten Fassaden in der Almudaina und in Alfábia. Als die christlichen Armeen die Mauren vom spanischen Festland vertrieben, flohen sie nach Mallorca, wo sie noch zwei Jahrhunderte blieben. Der arabische Einfluß auf die mallorquinische Architektur ist meiner Meinung nach eine der größten kulturellen Ressourcen der Insel.

Als Kind bewunderte ich die Schönheit der Altstadt von Palma mit ihrer gotischen Kathedrale in einzigartiger Lage am Mittelmeer und ihren engen gepflasterten Gassen mit strengen Fassaden und riesigen Türen. Hinter diesem eher düsteren Äußeren befanden sich nach arabischer Sitte oft versteckte Stadtpalais mit herrlichen Innenhöfen und großen, geschwungenen Steintreppen, wovon jedes eine Welt für sich war, unterschiedlich in Periode und Stil, aber alle großartig. Sie sind die größten Geheimnisse Mallorcas.

Teilansicht der Kapelle von Es Pagos, Vilafranca.

LINKE SEITE: *Haupteingang von S'Estaca, 1878 von Erzherzog Ludwig Salvator erbaut. Diese Zeichnung fertigte er nach einem Haus auf Sizilien an, wo er auf einer seiner Reisen wohnte.*

Meine Liebe zu Mallorca, seiner natürlichen Schönheit und seiner vielseitigen Architektur ist eng mit Erzherzog Ludwig Salvator verknüpft. Ich verbrachte viele Jahre meiner Jugend in seinem geliebten Heim Miramar an der Nordküste Mallorcas. Ursprünglich als Zitadelle gebaut und Jahrhunderte später in ein Landhaus umgewandelt, wurde es um 1800 als private Residenz des Erzherzogs im damals am italienischen und österreichischen Hofe beliebten Stil umgebaut. Ludwig Salvator war weit gereist, in den Künsten sehr bewandert und im Hinblick auf seine Einstellung zur Natur ein Vorreiter von Thoreau. In Miramar verfaßte er vier illustrierte Bände über die Flora, die Fauna und die Geschichte Mallorcas; er hinterließ auch zahlreiche Skizzenbücher, die das ländliche Leben und die Landschaften der Insel darstellen.

Viele Tage meiner Jugend verbrachte ich auf dem Speicher in Miramar mit dem Durchstöbern von großen Korbtruhen mit seinen Zeichnungen, Fossilien und Ausgaben des Magazins *The National Geographic* aus dem späten 19. Jh. Ich saß dort und träumte von seinen Abenteuern und seinen Reisen und Fahrten auf seiner geliebten Yacht „Nixe" nach Afrika und Ägypten. An den Abenden lud ich oft meine Freunde aus Deiá zu einer Spaghettiparty auf das Dach der kleinen Kapelle in den Gärten von Miramar ein, und wir spielten stundenlang Verstecken. Meine Beziehung zu Miramar ist heute noch sehr stark und lebendig.

S'Estaca wurde vom Erzherzog im Stil einer sizilianischen Villa, in der er seine Jugend verbrachte, entworfen und erbaut, es sind aber auch arabische Einflüsse erkennbar. Es liegt auf einem Felsen inmitten Hunderter von Steinterrassen, die auf das Meer hinausblicken, und war sowohl Weingut als auch Wohnsitz seiner Geliebten Catalina Homar. Ich kann mich an viele Ausflüge in meiner Kindheit nach S'Estaca mit seinen zauberhaften Gärten erinnern; es herrschte dort immer eine etwas mystische Atmosphäre. Heute, nach vielen Jahren sorgfältiger historischer Restaurierung, dient S'Estaca als Sommerhaus für mich und meinen Mann Michael und meinen Sohn Cameron. Es ist mein Beitrag zur Erhaltung der historischen Gebäude und der Kultur der Nordküste Mallorcas, als Dank für die schönen und heiteren Jahre, die ich an diesem wunderbaren Ort verbringen durfte.

Teilansicht eines typisch mallorquinischen Stuhls im Speisezimmer von Son Forteza.

SEITE 14: *Panoramaansicht von Comasema im Tal von Orient.*

SEITE 15: *Teilansicht des Heuschobers von Els Calderers.*

RECHTE SEITE: *Der herrliche Weinkeller von S'Estaca, den Erzherzog Ludwig Salvator 1880 erbaute. Nach vielen Jahren der Vernachlässigung wird von den Besitzern nun wieder ein köstlicher Wein produziert.*

Teilansicht des Damastzimmers in Vinagrella mit dem Portrait von Doña Cecilia Dameto i de Togores.

SEITE 18/19: *Panoramaansicht des Kartäuserklosters. Frédéric Chopin und George Sand verbrachten in einer der Zellen einen Winter.*

SEITE 17: *Teilansicht des Hofs von Son Ferrandell aus dem 17. Jh.*

Einleitung

Perico de Montaner

In Mallorcas Geschichte ereigneten sich zwei kurze, aber blutige Revolutionen: die erste 1450-1453, als sich die Bauern gegen die Aristokratie und reichen Händler erhoben, und dann 1521-1523, als Handwerker die Revolte gegen dieselbe Oligarchie anführten und die, wie die Bürgerlichen auf der Iberischen Halbinsel, Herrschaft Karls V. wiederherstellen wollten. Beide Aufstände wurden schnell unterdrückt, und die Oberschicht konnte beide Male ihre Machtposition ausbauen. Im 15. Jh. festigte sich der Feudalismus; die mallorquinischen Adligen – *cavallers* – protzten mit ihrer Eleganz und Macht, und die reichen Händler sorgten dafür, daß mallorquinische Schiffe zu den berühmtesten im Mittelmeer zählten. Nach dem Trauma von 1521 bis 1523 verstärkte sich die richterliche Gewalt der Barone, und die sehr wohlhabenden Schöffen – *micers* – wurden in die Aristokratie aufgenommen. Die Händler wurden mit voller Unterstützung der Obrigkeit zu *ciutadans militars* (militärischen Bürgern) ernannt; dies war der erste Schritt auf dem Weg zur Erhebung in den Adelsstand; zwischen 1522 und 1700 erhielten ungefähr einhundert Händler diesen Titel.

Nun darf man aber nicht glauben, daß die mallorquinische Elite ihren sozialen Aufstieg, abgesehen von diesen beiden bedrohlichen Vorfällen, ungehindert vollziehen konnte. Ein weiterer Bürgerkrieg, der sich auf die Zeit vor und nach den beiden Revolten erstreckte, war für sie ständiger Grund zur Sorge. Seit dem offiziellen Fall des unabhängigen Königreichs Mallorca 1349 gab es einen ständigen Kampf zwischen den großen Clans der Oberschicht. Sie versuchten ihre Unabhängigkeit zu verteidigen und strebten größere Kontrolle über die Insel an, die sich mehr und mehr in eine italienische Republik verwandelte. Diese Clans rekrutierten eine große Anhängerschaft aus allen sozialen Schichten der Insel und entfachten so Familienfehden, vergleichbar mit der von Romeo und Julia. Weit weg von der Zentralregierung wurde die Insel von Vizekönigen regiert, die, angesichts von Banditen, die von den Clans angeheuert wurden, um Landstriche zu plündern und die Anwesen anzugreifen, machtlos waren. Diese kriminellen Handlungen beschränkten sich nicht nur auf die ländlichen Regionen, sondern griffen sogar auf die Hauptstadt und den königlichen Palast von Almudaina über. Im 17. Jh. war die Bedrohung am schlimmsten und führte sogar zu entscheidenden baulichen Veränderungen bei Stadt- und Landhäusern, die noch heute sichtbar sind. In der Hauptstadt Ciutat de Mallorca (der Name wurde Anfang des 18. Jh.s offiziell in Palma geändert) legte man die gotischen Innenhöfe anders an. Man stattete sie eleganter und luxuriöser, und manchmal mit Säulen, aus. Abgesehen von wenigen Ausnahmen, wurden vor der zweiten Hälfte des 18. Jh.s keine neuen Gebäude errichtet. Auf dem Land befestigte man die wichtigsten Gutshäuser – *cases de possessió* – und die Häuser der reichsten Bauern – *der senyors pagesos* – zum Schutz vor den heftigen Angriffen.

LINKE SEITE: *Teilansicht der gotischen Kassettendecke der Almudaina, Palma.*

RECHTE SEITE: *Teilansicht der gotischen Fassade der Almudaina.*

Während der Herrschaft der Bourbonen im 18. Jh. wurden mallorquinische Häuser so umgebaut und verändert, daß man sie als Stadtpalais bezeichnen konnte. Can Vivot ist wohl das erste Beispiel hierfür; die Umgestaltung seines Patios um 1690 bezeugt die Abwandlung des dominierenden Stils in der mallorquinischen Hauptstadt während der zweiten Hälfte des 17. Jh.s. Die größte architektonische Revolution fand jedoch in den ersten Jahren der Herrschaft Felipes V. statt, dem der Marquis die Bibliothek in Can Vivot widmete. Im 18. Jh. folgten weitere Veränderungen, so z. B. beim imponierenden Can Berga, dem spektakulären Ca La Torre, das sich dicht an seine Befestigungsanlage schmiegt, und beim Can Chacón mit seiner zierlichen Loggia über den Stadtmauern. Außerhalb von Palma wurden Häuser, wie z. B. Alfàbia mit seinem berühmten Garten, umgestaltet. Neubauten, wie das von Cecilia Zaforteza i de Berga, Marquise von Villafranca, einer Frau von ungewöhnlicher Sensibilität, erbaute Son Berga Nou, waren in dieser Zeit äußerst selten. Der letzte „Palast" des mallorquinischen Adels, der verändert werden sollte, war 1760 Can Solleric. Der Patio wurde hier ähnlich wie in Can Vivot gestaltet, nur der Treppenaufgang ist seitenverkehrt, und die Säulen sind hier viel zierlicher als in Vivot.

Der aufmerksame Leser mag bemerkt haben, daß ich das Wort Palast in Anführungsstriche gesetzt habe. Ich tat dies ganz bewußt. Nichts verärgert einen mallorquinischen Adligen bei der Beschreibung des Hauses seiner Vorfahren mehr als diese Bezeichnung. Auf Mallorca ist die Residenz eines Adligen in Palma lediglich ein *can*, das Haus von, und er nennt es *ca nostra*, unser Haus. Der Landsitz, *possessió*, heißt *ses cases*, unsere Häuser, immer im Plural. Der *palau* ist der Bischofssitz, und die Almudaina, die alte Residenz der Könige Mallorcas, später der Vizekönige und heute offizielle Residenz von König Juan Carlos, ist ein *palácio*, ein Wort, das schon seit dem 15. Jh. in Gebrauch ist.

Wappen von Don Joan Sureda i de Villalonga, Marquis von Vivot, der zwischen 1685 und 1720 Teile von Can Vivot neu gestaltete.

Mudejar-Holzarbeiten unter dem Bogen des Haupttors von Alfábia.

Die aus dem 18. Jh. stammende Fassade des Haupttores von Alfábia ist auf Mallorca einzigartig.

Teilansicht einer Kommode in Can Vivot, Palma.

Deckenfresko in einem Schlafzimmer von Can Vivot, ca. 1712 von Giuseppe Dardanone gemalt, welches die Hochzeit von Tetis und Peleo darstellt.

Ausschnitt eines Gemäldes im Speisezimmer von Bendinat, das Ende des 19. Jh.s entstand und König Jaime I. darstellt.

SEITE 30/31: *Die alte Küche von Son Forteza ist eine der schönsten auf der Insel.*

Teilansicht der Fassade von Bendinat, Calviá.

· I ·

Die Geschichte Mallorcas

Die Mallorquiner sind gutaussehende, kräftige Menschen; die Frauen bewegen sich anmutig. Sie sind ein aus vielen Rassen bestehendes Volk von prähistorisch-iberischem Ursprung, aber auch die Phönizier, Griechen, Römer, Vandalen, Mauren sowie Einflüsse aus Pisa und Aragon und jüdische Elemente tragen zum kulturellen Erbgut dieses Volkes bei...

Robert Graves, „Why I live in Majorca", 1953

Die Balearen liegen im Zentrum des Mittelmeers. Spanien, Frankreich und Italien umschließen sie im Westen, Norden und Osten, und Nordafrika blickt aus dem Süden auf diese Insel. Wie schon der Name besagt, ist Mallorca die größte dieser Inseln. Sie ist auch die fruchtbarste. Ihre sonnigen Küsten und mannigfaltige Natur haben schon viele Eroberer angelockt. Griechen, Römer, Vandalen, später Araber und Christen haben alle schon grausame und unerbittliche Kriege geführt, um Mallorca zu erobern und zu kolonisieren. Die Insel war ein einziges, großes Schlachtfeld, auf dem die großen ökonomischen und religiösen Mächte ihre Kräfte gemessen und sich bekämpft haben. In jüngeren, friedlicheren Zeiten, ab dem 15. Jh., machten sich die Mallorquiner ihre geographische Lage zunutze und verwandelten ihre Insel in einen der wichtigsten Handelsplätze der Welt.

Multikulturelle Einflüsse haben die Balearen und besonders das vielschichtige Mallorca bestimmt, wodurch sie sich vom restlichen Europa unterscheiden. Dadurch war auch der ideale Nährboden für die Entstehung von Mythen und Sagen über die Geschichte der Inseln gegeben. Die Griechen z. B. nannten die Inseln Gymnesias, da ihre Einwohner die seltsame Angewohnheit hatten, unbekleidet herumzulaufen. Die Römer tauften sie aufgrund der außergewöhnlichen Geschicklichkeit der Inselbewohner mit der Steinschleuder in Balearen um (das griechische *ballein* steht für werfen).

Angeführt vom berühmten Quintus Cäcilius Metellus, gingen die Römer 123 v. Chr. auf Mallorca an Land und eroberten mit charakteristischer Schläue die Insel von „den Steinwerfern". Die Schiffsseiten waren mit Tierhäuten bedeckt, so daß die Soldaten vor dem Steinhagel der Insulaner geschützt waren. Die Insel blühte unter Metellus auf, der die Städte Palma und Alcudia gründete. Mehr als 30.000 Kolonisten ließen sich auf der Insel nieder, bauten Städte, Festungen und Straßen und legten Olivenhaine und Weinberge an. Die

LINKE SEITE: *Blick vom Haupteingang des Palau March, Palma, auf die Säulen im Hof.*

Teilansicht der Fassade von Can Solleric, die ca. 1760 entstand.

Römer nannten Mallorca Balearis Major, während Menorca Balearis Minor hieß. Auf der geraden Straße zwischen Palma und Alcudia findet man noch immer Hinweise auf ihren römischen Ursprung.

38 v. Chr. wurde Mallorca Teil des Römischen Reiches und nahm langsam die Sprache und Sitten Roms sowie des aufkommenden Christentums an. Einige Historiker glauben, daß der heilige Paulus die Insel besuchte und daß es viele christliche Relikte gibt, die auf das 4. und 5. Jh. zurückgehen. Die römischen Gebäude auf der Insel wurden im Lauf des 5. Jh.s jedoch von den Vandalen aus Nordafrika bis auf Fragmente zerstört. Einige Teile, meist Mauerreste, wurden als Fundament für spätere Gebäude verwendet.

Die Mauren

Unter den vielen Zivilisationen, die Mallorca vor der christlichen Eroberung 1229 beeinflußten, hatte die arabische den größten und anhaltendsten Einfluß auf seine Kultur und Bräuche. Die Mauren dominierten ungefähr vier Jahrhunderte lang die Insel, und obwohl sie von den Christen nahezu ausgerottet wurden, haben Elemente des islamischen Stils an den Gebäuden überlebt. Chopin, der die Insel 1838 besuchte, berichtet über das „arabische Aussehen“ Palmas, das auch noch heute erkennbar ist: Die dunklen, engen, sich windenden Gassen im Portellaviertel im Zentrum erinnern z. B. an das komplizierte Muster mittelalterlicher islamischer Festungen. Ebenso sind die verschwiegenen Patios und versteckten Gärten hinter den Mauern und Portalen der Stadtpaläste sowie die vielen dekorativen Einzelheiten Ausdruck arabischen Geschmacks und Stils.

Die Invasion der Mauren auf der Insel begann langsam und friedlich. Obwohl die Araber die Iberische Halbinsel 711 n. Chr. eroberten, gelang es Mallorca und den anderen Inseln noch zwei Jahrhunderte lang, autonom zu bleiben. Zu dieser Zeit wanderten einzelne mohammedanische Gruppen aus Andalusien auf die Insel ein.

Erst Ende des 9. Jh.s wurde Mallorca für das ständig expandierende arabische Reich attraktiv. Eine der vielen beliebten Legenden, die sich um die Geschichte der Insel ranken, besagt, daß der Wendepunkt, der die Mauren an eine Eroberung denken ließ, ein Sturm war.

RECHTE SEITE: *Der Almudaina-Palast mit der Kathedrale im Hintergrund.*

In diesem Sturm strandete ein gewisser Isam el Jaulani, ein reicher Moslem, der sich auf der Reise von Córdoba nach Mekka befand, mit seiner Flotte auf Mallorca. Da er mehrere Tage auf Mallorca verbringen mußte, widmete Isam seine Zeit der Erforschung des Inneren und der Küsten. Bei seiner Rückkehr berichtete er dem Emir von seinen Entdeckungen und bat um Erlaubnis, die Insel zu erobern, was er dann 902-903 n. Chr. auch erfolgreich tat; Isam ernannte sich selbst zum Gouverneur oder *wâlî* von Mallorca. Zu dieser Zeit hieß die heutige Stadt Palma Medina Mayurqa.

Bevor die Mauren die Insel eroberten, befand sich Mallorca in einem desolaten Zustand. Die alten Städte waren Ruinen, und die Zahl der lokalen Einwohner hatte seit dem Ende des Römischen Reichs stark abgenommen. Die Landwirtschaft der Insel, die aufgrund der fruchtbaren Ebenen viele Möglichkeiten bot, war zu einem Stillstand gekommen. Isam, der Mallorca zwei Jahre lang regierte, widmete all seine Kraft der Wiederherstellung der Hauptstadt Palma und gestaltete sie den Bedürfnissen seiner Leute entsprechend um. Mallorca wurde zur abhängigen Provinz Córdobas, und von diesem Zeitpunkt an stellten die Gouverneure der Insel ihre Flotten in den Dienst der Regenten der Iberischen Halbinsel. Die Mallorquiner nahmen oft an mohammedanischen Expeditionen entlang der katalanischen und französischen Küsten teil. Zu Beginn des 12. Jh.s waren die Mauren, und besonders die mallorquinischen Mauren, absolute Beherrscher oder eher Tyrannen des Mittelmeers. Wo auch immer sie hinkamen, herrschte Terror und Aufruhr, sie griffen die Küsten an und plünderten Handelsschiffe der Christen. Die italienischen Staaten, besonders Genua und Pisa, waren immer beunruhigter über die wachsende Zahl und Gewalttätigkeit der Angriffe auf ihre Schiffe.

Ihr zunehmender Groll führte unvermeidlich zu einer Reihe von Vergeltungsschlägen. 1115 n. Chr. griffen Pisa und Katalonien mit vereinten Streitkräften Medina Mayurqa an, um das Piratentum auszumerzen. Die Stadt wurde erobert und brutal verwüstet und einer großen Zahl ihrer Schätze beraubt. Die Mauren überredeten die Eroberer jedoch, ihnen die Insel wieder zu verkaufen, wenngleich zu horrenden Summen.

Die maurische Vorherrschaft der Insel bestand noch mehr als ein Jahrhundert nach diesem Angriff. Die *Almoravide*-Dynastie, eine streng fundamentalistische Sekte der Moslems, stellte die Insel 1127 unter unabhängige Oberhoheit und regierte sie über mehrere Jahrzehnte hinweg. Beinahe fünfzig Jahre lang betrieb sie eine gewaltsame und schnelle Expansion ihres Reiches. In diesen Jahren dominierte Mallorca Nordafrika vom Maghreb und von Tripolis bis zur Sahara.

Die letzten arabischen Herrscher Mallorcas waren die *almohades*, über die wenig bekannt ist. Als die Christen die Insel knapp drei Jahrzehnte später eroberten, war Medina Mayurqa, wie die meisten hispano-arabischen Zentren, eine gutorganisierte und technisch fortschrittliche Stadt, die von einer kultivierten Oberschicht regiert wurde. Ihr Bewässerungssystem war besonders effizient und wurde auch zur Gestaltung einer Anzahl herrlicher Gärten, wie derjenigen von Alfábia und denjenigen hinter den Mauern des Almudaina-Palastes, verwendet.

Die wenigen noch vorhandenen Monumente oder Gebäude maurischen Ursprungs wurden im Laufe des 13. und 14. Jh.s von den Christen verändert und umgebaut. Das beeindruckendste Beispiel hierfür ist zweifelsohne der Almudaina-Palast im Herzen Palmas. Ursprünglich war er als Hauptresidenz für die maurischen *wâlîs* erbaut worden. Das monumentale Gebäude, mehr eine Festung als ein Stadtpalais, umschließt eine Fläche von 20.000 Quadratmetern, die auf das Meer hinausblicken. Strukturen und Interieurs wurden nach den Bedürfnissen der Könige Spaniens und Aragons umgestaltet. Heute ist das Stadtpalais ein Regierungsgebäude. Auf den Besucher wirkt es merkwürdig, zu monumental für seine Umgebung und dennoch nicht lächerlich. George Sand, die für fast alles, was sie auf Mallorca sah, eine treffende Beschreibung fand, schrieb:

Teilansicht der Rathausfassade, die aus dem 17. Jh. stammt.

LINKE SEITE: *Fassade des Palau March, vom Säulengang im Hof gesehen.*

Vorzimmer von Almudaina.

Das Arbeitszimmer seiner Majestät König Juan Carlos im Almudaina-Palast, ausgestattet im Empirestil mit herrlichen, flämischen Gobelins aus dem 17. Jh.

RECHTE SEITE: *Oberer Teil der gotischen Bögen im Staatsraum des Almudaina-Palastes.*

Teilansicht des Vorzimmers im ersten Stock des Almudaina-Palastes.

„Nichts könnte pittoresker als der Anblick des königlichen Stadtpalais sein. Es gibt nichts, was unregelmäßiger, wirrer und von wüsterer Mittelalterlichkeit sein könnte, ebenso aber nichts Stolzeres, Eigenwilligeres und Hidalgomäßigeres als diese Burg; mit ihren Galerien, Türmen, Terrassen und Arkaden, von denen eine über die andere bis zu einer beträchtlichen Höhe klettert, gipfelt sie in einem gotischen Engel, der aus den Wolken über das Meer gen Spanien blickt."

Das von üppiger Vegetation umgebene Alfàbia liegt am Fuße der Berge an der Straße von Palma nach Sóller und wird häufig mit dem Attribut maurisch versehen. Touristen aus der ganzen Welt versammeln sich hier in der Hoffnung, einen Blick auf die maurische Extravaganz und Großartigkeit zu erhaschen. Seine prächtigen Gärten, eher eine Seltenheit auf Mallorca, wo Wasser immer ein Luxus war, wurden oft als Überbleibsel maurischer „Torheit" definiert. Beliebte Legenden legen nahe, daß Alfàbia einst einem reichen und mächtigen Mauren gehörte, der die Stellung eines lokalen Königs innehatte und ein dekadentes, lustbetontes Leben führte. Als die Christen die Insel eroberten, dachte dieser Maure, wie so viele andere wohlhabende, arabische Einwohner, daß es für ihn und seine Familie besser sei, zum Christentum zu konvertieren. Dadurch konnte er zumindest einige seiner Privilegien und einen Teil seiner Güter behalten. Das Stadtpalais und der dazugehörige Garten blieben daher für viele Generationen im Besitz der Familie Bennàsser. Dies ist wohl der Grund, warum Alfàbia einiges von seinem ursprünglichen, arabischen Charakter bewahren konnte.

Auf den ersten Blick wirkt das Stadtpalais nicht besonders islamisch: Der Haupteingang aus einfachen Mauern mit schlichtem, elfenbeinfarbenem Verputz und einem reichgeschmückten Portal ist ein herrliches Beispiel für das spanische Barock des 18. Jh.s. In den Innenräumen findet man eine erstaunliche Mischung an Möbeln und Ornamenten vor; Wandgemälde mit Darstellungen von Palma und mallorquinischen Landschaften ziehen sich in einem breiten Band an den Wänden entlang. Alfàbias Garten, der einzige seiner Art auf der Insel, kann wohl als Tribut an die islamische Gartenbautradition angesehen werden. Das Plätschern des Wassers in diesem vernetzten Bewässerungssystem verbindet sich angenehm mit dem Duft exotischer Blumen und Pflanzen. Zahlreiche Zitronen- und Orangenbäume stehen da und dort in wohlüberlegter Unordnung und erfüllen den Garten mit Farbe.

Der Name Jesus über dem Eingang zur Kapelle aus dem 18. Jh. wurde aus kleinen schwarzen Steinen in die Wand eingelegt.

Die christliche Eroberung

Als die katalanische Armee 1229 unter Jaime I. Mallorca eroberte, entstand ein vollständiger und gewaltsamer Bruch mit der islamischen Vergangenheit der Insel. Viele Mauren mußten als Sklaven arbeiten; wohlhabendere Familien entschlossen sich, die christliche Religion anzunehmen und mit dem neuen Regime zu verschmelzen. Die christliche Eroberung beendete die Spannung, die sich einige Jahre lang zwischen den italienischen Staaten und Katalonien aufgestaut hatte. Trotz vieler gegensätzlicher Interessen hatten die Italiener doch schon einige Zeit mit dem arabischen Mallorca wirtschaftliche Verbindungen unterhalten. Die Katalanen andererseits hatten beträchtlich an Macht und Wohlstand gewonnen und wollten die Insel erobern und seine Küsten von den Piraten befreien.

Einer weiteren mallorquinischen Legende zufolge sprang der Funke, der die Kriegsmaschinerie Jaimes I. in Gang setzte, während eines von dem Seefahrer Pere Martell

Renaissancedetail einer der Säulen am Eingang von Alfábia.

Hof mit der Doppeltreppe in Can Solleric, ca. 1760 für Don Miquel Bonaventura Vallés d'Almandrá i Orlandis, den Marquis von Solleric, erbaut.

veranstalteten Banketts, zu dem er Jaime und seine adeligen Gefolgsleute eingeladen hatte, um sie die Spezialitäten Mallorcas zu kosten zu lassen, über. Oliven und andere Früchte wurden serviert, während der Gastgeber die Phantasie seiner Gäste mit lebhaften und unwiderstehlichen Beschreibungen über die Schönheit und die Schätze der Insel anregte. Als das Dessert serviert wurde, hatten Jaime und seine Mannen beschlossen, Mallorca zu erobern. Binnen kurzer Zeit gelang es Jaime mit Hilfe seiner Gefolgsleute und einer großen Anzahl von Tempelrittern, eine Armee aus 16.000 Mann und 1.500 Pferden zusammenzustellen, die in 150 großen und etlichen kleineren Schiffen befördert wurden. Zeitgenössische Chronisten berichten, daß es so viele Segel waren, daß das Meer wie eine einzige weiße Leinwand aussah. Da die Schlacht als christlicher Feldzug gegen die Heiden angesehen wurde, stachen sie an Weihnachten in See.

LINKE SEITE: *Der Innenhof von Can Oleza in Palma aus dem Ende des 17. Jh.s/Anfang des 18. Jh.s.*

Teilansicht des Patio von Can Oleza; die Bögen wurden aus dem einheimischen Santanystein hergestellt.

Ansichten von Palma und der Kathedrale, die auf einem Ramadillo gemalt wurden und sich in einem der Räume Alfàbias, in Bunyola, befinden.

Die Schlacht gegen die Sarazenen war eine besonders blutige. Historiker berichten, daß nicht weniger als 20.000 Moslems beim Versuch, ihre Stadt zu verteidigen, starben. Gemäß einem Ausschnitt, den George Sand aus dem *Chronicle of Marsili* zitiert, waren die Wochen nach der christlichen Eroberung von Plünderungen und Gewalt gegen die maurischen Einwohner gekennzeichnet. Das folgende Zitat macht deutlich, wie sehr die Christen die Eroberung des arabischen Mallorca als Eindringen in eine hochzivilisierte Welt, voller Schönheit und Reichtümer, ansahen:

> Die Plünderer, die über die Häuser herfielen, fanden darin die schönsten, maurischen Frauen und Mädchen, in deren Schoß Gold- und Silbermünzen, Perlen und Edelsteine, Gold- und Silberarmreife, Saphire und andere teuere Juwelen lagen. Sie zeigten den bewaffneten Männern all diese Schätze und weinten bitterlich und sagten auf sarazenisch: „All dies gehört euch, laßt uns nur genug, damit wir uns mit Lebensmitteln versorgen können."

So groß war die Gier auf Beute, so groß die Auflösung der Disziplin, daß die Männer des königlichen Hofes von Aragon sich auf die Suche nach versteckten Schätzen machten und sich eine ganze Woche lang nicht beim König blicken ließen.

Trotz solcher Raubzüge hatte Jaime I. die Absicht, ein gerechter Regent zu sein. Er gründete das Königreich Mallorca und veröffentlichte die *Carta de Franquesa*, eine Urkunde, in der er die Grundlagen für die Autonomie festlegte, die für die Herrschaft auf Mallorca charakteristisch sein sollte. Anschließend ernannte er einen hohen Beamten, der die Inseln regieren sollte, zu seinem Statthalter. Der größte Teil der Ländereien wurde dann unter seinen Gefolgsleuten verteilt. Diese wiederum gaben einen Teil der Güter an die mutigsten Hauptleute, die sogenannten *cavallers*, weiter. Diese Soldaten und ihre Nachfahren bauten die ersten Landhäuser oder *cases de possessió* auf Mallorca. Aus diesem Zusammenhang läßt sich vielleicht die eigentümliche, festungsartige Architektur, die für die meisten Häuser der Insel typisch ist, erklären.

RECHTE SEITE: *Teilansicht des Gartens von Alfàbia.*

Pergola im Garten von Alfábia, die im 18. Jh. errichtet wurde.

Die Christen, die sich auf Mallorca niederließen, waren meist Katalanen aus der Region Ampurdan. Sie siedelten sich auf den gesamten Balearen an und verbreiteten ihre Sprache und Traditionen. Die mallorquinische Sprache, die noch immer von den Insulanern gesprochen wird, hat weniger Veränderungen als andere Sprachen erfahren und weist daher noch immer viele Ähnlichkeiten mit der alten *langue d'oc* auf.

Mallorca verblieb ungefähr ein weiteres Jahrhundert unter unabhängiger Regentschaft. In dieser Zeit entfalteten sich Architektur und die Künste. Jaime II., der 1276 seinem Vater nachfolgte, war Auftraggeber für einige der beeindruckendsten gotischen Bauten auf der Insel, von denen die riesige Kathedrale Palmas besondere Erwähnung verdient. Die Umwandlung des Almudaina-Stadtpalais zur neuen königlichen Residenz wurde ebenfalls von Jaime II. veranlaßt; das Kastell Bellver und die königlichen Paläste in den Orten Valldemossa, Sineu und Manacor tragen ebenfalls seine Handschrift.

Zimmer in Alfàbia. Die Stühle sind mit Ramadillos (Gemälde auf Leinwand, die meist an der Rückenlehne eines Stuhls angebracht wurden) geschmückt, die Wände sind mit einem typisch mallorquinischen Material bespannt.

Moncaire, Soller: Ausschnitt eines Altarbildes in der Kapelle von Moncaire, das der Heiligen Mutter Gottes gewidmet ist und im Jahre 1584 entstand.

Jaime II. wird auch als Mäzen von Ramón Llully angesehen, einem gebürtigen Mallorquiner, der sich dem Studium der arabischen Philosophie und Sprache sowie der Chemie, Physik und Theologie widmete und ein bedeutender christlicher, spiritueller Philosoph wurde. Seine Werke haben den neoplatonischen Mystizismus Europas bis ins 17. Jh. hinein beeinflußt. Nachdem er mehrere Jahre am Hofe Jaimes II. auf Mallorca verbracht hatte, wo er die erste europäische Schule für orientalische Sprachen gründete, widmete sich Llully der Missionsarbeit in Nordafrika und Kleinasien, wo er den Moslems das Christentum predigte. Er wurde 1316 in der Nähe von Tunis gesteinigt.

Der unabhängige Status von Mallorca fand 1324 mit dem Tod von König Sancho, dem kinderlosen Sohn Jaimes II., ein Ende. Der Nachfolgekampf seiner Neffen und anderer Thronanwärter löste eine Periode der Unruhe aus. Schließlich beendete Pere IV. von Aragon die Auseinandersetzungen gewaltsam, indem er 1343 Mallorca seiner Regentschaft unterwarf. Sanchos Neffe Jaime III. versuchte die Insel zurückzuerobern, wurde aber bei diesem Vorhaben getötet. Als Jaime IV. 1375 starb, erloschen die Hoffnungen auf die Fortsetzung der mallorquinischen Dynastie. Ein Jahrhundert später, 1492, vereinigten die Herrscher von Aragon und Kastilien ihre Streitkräfte und eroberten Granada und gründeten somit die nationale und politische Einheit Spaniens, der Mallorca und die anderen balearischen Inseln seitdem angehören.

RECHTE SEITE: *Teilansicht der Mudejardecke (Tarasona 1493) im Hauptschlafzimmer von Sa Bassa Blanca, Alcudia.*

Das Goldene Zeitalter

Im Verlauf des 15. und 16. Jh.s entwickelte sich Mallorca zu einer Wirtschaftsmacht und einem der größten Handelszentren im Mittelmeerraum, so daß Genueser Kaufleute sogar ihre eigene Börse in Palma gründeten. Sie bewohnten, wie die Juden auch, ganze Viertel der Stadt. Mallorca unterhielt zu den Ländern des östlichen Mittelmeerraumes sowie zu den italienischen Staaten, besonders zu Pisa, Genua und Florenz, bedeutende Handelsbeziehungen. Die Insel profitierte auch von ihrer günstigen geographischen Lage, die sie zum Hauptumschlagplatz für indische und afrikanische Waren werden ließ. Ende des 17. Jh.s unterstützte fast jede Adelsfamilie Mallorcas die Flotte der Insel mit ihren eigenen Galeeren.

Aus diesem blühenden Handel entwickelte sich natürlich Wohlstand. Eine neue Schicht, die meist nicht vom alten Adel der *cavallers* abstammte, ließ sich in Palma nieder. Zwischen der alten und der neuen Oberschicht tat sich jedoch kein Abgrund auf, teilweise

Wasserreservoir im Garten von Canet, Esporles.

RECHTE SEITE: *Ein Arbeitszimmer in Bendinat, das Ende des 19. Jh.s entstand.*

weil die älteren aristokratischen Familien, die von Jaimes Rittern abstammten, nun ziemlich verarmt waren und meist auf dem Lande wohnten. Sie waren nur zu gerne bereit, sich unter die neue Händlerschaft zu mischen und Geldheiraten zu arrangieren. Die Kaufleute ihrerseits schätzten den Erwerb alter Adelstitel. So wurden die alten und oft heruntergekommenen Stadtpalais renoviert oder von Grund auf neu errichtet. Kennzeichnend für die meisten Stadtpalais dieser Zeit ist die Zurschaustellung des Reichtums ihrer Besitzer, so z. B. die Verwendung teuren, oft importierten Marmors oder die Ausstattung der Patios und Fassaden mit herrlichen Ornamenten und anderen Verzierungen.

Der Einfluß „fremder" Architektur war für die im 16. Jh. erbauten Stadtpalais Mallorcas typisch und kann noch bis ins 18. Jh. hinein verfolgt werden. Die Fassaden wurden dem italienischen Stil angepaßt, und die Innenräume stattete man häufig mit Objekten und Möbeln aus anderen Ländern aus. Flämische Gobelins wurden immer beliebter, und die Möbel büßten ihre Schlichtheit zugunsten dekorativer Details ein. Künstler wurden beauftragt, Fresken im neapolitanischen Stil oder Stilleben in Manier der großen flämischen Schule zu malen.

Obwohl die Mallorquiner das ganze 16., 17. und 18. Jh. hindurch auf großem Fuße lebten und weiterhin extravagante Stadtpalais bauten, begann ihr Einfluß als Handelszentrum unter den Habsburgern zu schwinden. Als Königreich Spaniens und des Heiligen Deutschen Reiches mußte Mallorca Waffen, Geld und Soldaten bereitstellen, um die wachsenden imperialistischen Träume Karls V. zu unterstützen und zu finanzieren. Der Erlaß Karls V. im Jahre 1526, daß alle spanischen Mudejaren oder Moslems entweder getauft oder ausgewiesen werden sollten – eine von den Habsburgern häufig angewandte Maßnahme –, verbesserte die marode Wirtschaftslage auch nicht. Der daraus resultierende Massenexodus wirkte sich sowohl auf den Handel als auch auf die Kultur Spaniens, einschließlich Mallorcas, negativ aus. Dazu kam noch, daß mit der Entdeckung des Kaps der Guten Hoffnung eine alternative Route für Waren aus Asien gefunden worden war und Mallorca somit seine einzigartige, geographische Lage verlor.

Der Erbfolgekrieg zwischen Österreich und den Bourbonen (1701-1714) brachte den Mallorquinern einschneidende politische Veränderungen. Bei Ausbruch des Krieges stellte sich Palma auf die Seite der Österreicher gegen Felipe V., den ersten französischen König, der Spanien regierte. Diese Parteinahme wurde Mallorca nie verziehen. Nachdem die bourbonischen Truppen Felipes V. 1714 Barcelona eingenommen hatten, belagerten sie Mallorca, bis die Inselbewohner sich ergeben mußten. Der neue König schaffte jegliche Autonomie sowie die bestehende Steuerfreiheit ab. Der von Jaime I. gegründete große allgemeine Rat wurde durch die Stadtverwaltung Palmas ersetzt, die sich aus Stadträten mit sehr eingeschränkten Befugnissen zusammensetzte. Mallorca erlangte nie mehr den vollen Umfang seiner einstigen politischen Stellung und den Reichtum der vorangegangenen Jahrhunderte. Lediglich der Handel blühte im 18. Jh. wieder auf und brachte den Inselbewohnern Wohlstand, der zu einem erneuten Schub in der Stadtentwicklung und dem Errichten vieler neuer Stadtpalais führte.

LINKE SEITE: *Der kleine Tempel von Son Marroig aus Carrara-Marmor.*

Stuckwappen von Doña Magdalena de Villalonga i Despuig, Mutter des Marquis von Vivot, das Anfang des 18. Jh.s entstand und sich in einem der Räume von Can Vivot befindet.

· 2 ·

Palma

Hier in Palma bin ich zwischen Palmen, Zedern und Kakteen, Oliven- und Zitronenbäumen, Aloen, Feigen und Granatäpfeln. Der Himmel ist türkis, das Meer azur, die Berge sind smaragdgrün; die Luft ist so rein wie im Paradies. Die Sonne scheint den ganzen Tag, es ist warm, und jeder trägt Sommerkleidung. Nachts hört man Gitarren und Serenaden.

Frédéric Chopin in einem Brief an Julien Fontana,
15. November 1838

Mallorcas epische und mystische Landschaft blieb jahrhundertelang nahezu unberührt und inspirierte viele Autoren, so auch den Dichter Robert Graves. Seine Hauptstadt Palma blickt dagegen auf eine turbulente Geschichte zurück. Nachdem die Römer Palma 123 v. Chr. von den Karthagern erobert hatten, wurde es zu einem der grausamsten Schlachtfelder der Geschichte. Römer, Mauren und Christen wollten alle in den Besitz der Stadt gelangen und haben um sie gekämpft; Tausende mußten für sie sterben. Die massiven Mauern des alten maurischen Palastes, die Schutzwälle, die Teile der an der Küste gelegenen Altstadt umgeben, und die befestigte Struktur vieler privater Anwesen sind allesamt Hinweise auf die Angst, die sich durch Palmas Geschichte zieht. Angst davor, angegriffen, erobert oder besiegt zu werden.

Heute scheint sich Palma mit seinen vollen Touristenbussen, seinen verstopften Straßen und all dem Lärm und den Gerüchen einer modernen und geschäftigen Metropole von seiner Geschichte der Kriege und Eroberungen zu distanzieren. Wenn man aber in seine engen, gewundenen Gassen tritt und einige der herrlichen Patios und Gärten erforscht, merkt man, daß Palma noch immer eine geheimnisvolle Stadt ist. Ihre schönsten Schätze sind hinter Mauern versteckt oder gar im Herzen der Stadtpalais verwahrt. Mitte des 19. Jh.s schrieb George Sand:

> Auf den ersten Blick ist das Wesen Palmas schwer auszumachen. Man muß schon des Abends durch die abgründigen, geheimnisvollen Gassen schlendern, um vom eleganten Stil der Gebäude beeindruckt zu sein. Von der Nordseite zeigt Palma wohl am ehesten sein ganzes afrikanisches Gesicht.

Von Norden aus gesehen ist der Blick auf die Bucht von Palma atemberaubend, das Meer erstreckt sich nach Süden und füllt den Raum zwischen Mallorca und Algerien aus. Ebenso wie die Kriege und Eroberungen hat das Meer die Geschichte Palmas maßgeblich geprägt

LINKE SEITE: *Das herrliche Musikzimmer des Palau March, gestaltet von Josep Maria Sert (1944).*

SEITE 56: *Teilansicht der Treppe von Can Solleric, die Säulen sind aus Marmor aus dem Solleric-Steinbruch, der dem Marquis gehörte, der das Haus um 1760 erbaute.*

sowie seine Architektur mit seiner charakteristischen Vielfalt an Stilelementen beeinflußt. Wie andere mediterrane Hafenstädte, wie z. B. Neapel und Palermo, war Palma ein Tor zu anderen Zivilisationen, Kulturen und Völkern. Von der Mitte des 14. Jh.s bis zum 19. Jh. konnte es immer wieder seine Position als eines der wichtigsten Handelszentren Europas behaupten, was vielen Einwohnern Palmas Wohlstand brachte und sie auch fremden Einflüssen aussetzte.

Palmas Architektur ist hierfür das sichtbarste Ergebnis. Bei den Familienstadtpalais, die meist nach Beginn des 16. Jh.s von reichen Händlern und in der Stadt lebenden Aristokraten erbaut wurden, findet sich ein einzigartiges Nebeneinander verschiedener Stile. Gotische Elemente, die mit arabesken Elementen kombiniert wurden, neben dem Rokoko des 18. Jh.s mit vielen italienischen Merkmalen der Renaissance und des Barock, wie z. B. bogengeschmückten Loggien und großartigen Treppenaufgängen.

Bevor die Christen 1229 die Insel kolonisierten, war Palma das arabische Medina Mayurqa, eines der Juwelen in der Krone des hispano-arabischen Reiches. Vier Jahrhunderte maurischer Zivilisation hatten es von einer verfallenen und halb verlassenen römischen Ruine in ein blühendes Handelszentrum verwandelt, in dem viele Handwerker, Baumeister und Kaufleute emsig ihren Geschäften nachgingen. Weder die reichszersetzenden Kriege zwischen den einzelnen islamischen Gruppierungen noch die fortschreitende Eskalation christlicher Angriffe auf die Stadt konnten ihre Entwicklung bremsen. Stadtpalais und Moscheen wurden errichtet, Aquädukte brachten Wasser in die Stadt, und Gärten wurden angelegt. Nach dem Sieg über die Mauren wurde Palma eine hochzivilisierte Stadt mit einer gutfunktionierenden Infrastruktur.

Trotz der Versuche der Christen, die maurische Vergangenheit auszuradieren, indem sie viele Stadtpalais niederrissen und ihre eigenen Kirchen und Häuser erbauten, hinterließen vier Jahrhunderte arabischer Herrschaft doch starke Spuren. Gut sechshundert Jahre nachdem die Mauren besiegt worden waren und sie entweder konvertieren mußten oder zu Sklaven wurden, konnte Chopin noch immer das arabische Erbe in der Atmosphäre der Stadt spüren. Die Stadtwälle, schrieb er an seinen Freund Fontana, „sind arabischen Ursprungs", und die ganze Stadt erinnere an Afrika.

Dieses lebendige islamische Erbe hat viele Reisende des 19. Jh.s veranlaßt, nach Palma zu kommen. Anders als die umfangreicheren römischen und griechischen Ruinen, hatten die maurischen Fragmente, obwohl jüngeren Datums, einen exotischeren und „märchenhafteren" Reiz. A. G. de Saint-Sauveur, der Anfang des 19. Jh.s französischer Konsul auf den Balearen war, schrieb 1807, daß die Bauweise der Häuser in Palma an die Zeiten erinnere, „in denen die Mauren in Besitz der Insel waren".

Ähnliches schrieb der französische Künstler J. B. Laurens, der Mitte des 19. Jh.s Mallorca bereiste und seine Eindrücke in einem 1840 veröffentlichten Buch festhielt; er verbrachte viele Wochen damit, Palma nach maurischen Überresten zu durchforschen. „Nur auf Mallorca habe ich zwei Meter hohe Säulen mit einem Durchmesser von nur acht Zentimetern gefunden. Die feine Qualität des Marmors und der Stil der krönenden Kapitelle lassen einen arabischen Ursprung vermuten." Da Laurens mehr über das arabische Kulturgut in Erfahrung bringen wollte, untersuchte er in Palma gut zwanzig ähnliche Stadtpalais und Häuser und unterzog jedes Detail ihrer Struktur einer gewissenhaften Prüfung, um festzustellen, ob sie wirklich arabischen Ursprungs seien. Er kam jedoch zu dem Schluß, daß die arabesken Details eigens für diese Gebäude konstruiert worden waren, um frühere Originale zu imitieren. Man hatte also die Fenster und Säulen „nicht aus den märchenhaften, maurischen Stadtpalais gestohlen", die in ihrer Pracht der Alhambra in Granada ähneln, sondern sie wurden für die Stadtpalais eigens angefertigt. Es spricht vieles für Laurens' Ansicht, denn viele jüdische und maurische Handwerker hatten unter den Arabern große Fertigkeiten in der Steinmetz- und Holzschnitzkunst erlangt und ihr Können an die nach-

Teilansicht einer Säule im Hof von Can Solleric.

Teilansicht der Frontloggia von Can Solleric, die ca. 1760 von Antonio Soldati gestaltet wurde.

OBEN: *Teilansicht des Eingangs zur königlichen Kapelle von Santa Ana (14. Jh.) im Hof der Almudaina.*

OBEN RECHTS: *Teilansicht der gotischen Bögen in der Almudaina.*

SEITE 60: *Schlafzimmer von Doña Leonor March, ausgestattet mit Möbeln aus dem 18. Jh.*

RECHTE SEITE: *Teilansicht des Hofs des Palau March.*

folgenden Generationen weitergegeben. Auch wenn sie verfolgt wurden und viele das Land verlassen mußten, so blieben doch einige zum Christentum konvertierte Handwerker und verzierten weiterhin die Kirchen und Stadtpalais der neuen christlichen Herrscher.

Erwähnenswert ist, daß sich George Sand einige Jahre zuvor ebenfalls über die maurischen Spuren in Palmas Architektur gewundert hatte. Sie kam jedoch zu einem anderen Schluß. Sie glaubte, daß arabische Fragmente ganz bewußt in die Grundstruktur der späteren Gebäude eingebaut wurden. „Zur Zeit der Renaissance wurden in Frankreich und Italien echte griechische und römische Medaillons und Basreliefs in die skulpturelle Ausgestaltung übernommen." George Sand fragte sich: „Ist es da nicht möglich, daß die Christen Mallorcas nach der Demolierung aller maurischen Bauten aus den gehaltvollen Trümmern das Brauchbare herausgelesen haben, um es bei ihrem Wiederaufbau zu verwenden?"

Der Almudaina-Palast mit seinen dicken, befestigten Mauern und spitzen Bögen ist das einzige maurische Gebäude, das viele Jahrhunderte christlicher Herrschaft überlebt hat (wenn auch mit vielen Änderungen und Anbauten). Andere maurische Überreste sind lediglich Fragmente: Der Almudaina-Bogen in der gleichnamigen Straße war einst eines der Tore des Schutzwalls beim königlichen Palast; die berühmten „arabischen Bäder" befanden sich im Erdgeschoß eines Gebäudes, das auf einen Garten im Portellaviertel blickte. Das kuppelförmige Gewölbe des kleinen quadratischen Raums wird von zwölf durch Bögen verbundene Säulen gestützt. Im Zentrum Palmas kann man noch einen Eindruck von der ehemaligen arabischen Stadt Medina Mayurqa, die von christlichen Bauwerken überlagert wird, gewinnen.

Die christliche Eroberung Mallorcas veränderte sowohl den architektonischen Stil auf der Insel als auch das Leben der Menschen. Das sinnliche Element in der islamischen Architektur wurde durch die Strenge des gotischen Stils ersetzt. In Palma entstanden zuerst hauptsächlich religiöse Gebäude, Klöster wurden gegründet und Kirchen gebaut, um so schnell wie möglich Spuren des Islams auszumerzen.

Palmas Kathedrale, die auf das Meer hinausblickt, ist eines der spektakulärsten Gebäude der Stadt und wird als eines der schönsten Beispiele gotischer sakraler Baukunst in Spanien angesehen. Initiator des Baus war Jaime der Eroberer, der 1229 mit seiner Flotte einen schrecklichen Sturm vor der Küste der Insel überlebte und als Dank zu Ehren der

Heiligen Jungfrau Maria eine Kathedrale errichten wollte. Der Bau wurde dann von seinem Sohn Jaime II. Ende des 13. Jh.s in Auftrag gegeben, aber erst 1601 fertiggestellt. Das auffälligste Merkmal des Bauwerks, das über das alte Stadtzentrum ragt, sind seine überwältigenden Proportionen. Die gewaltigen Dimensionen (es steht auf einer Fläche von 70.000 Quadratmetern) in Verbindung mit der außergewöhnlichen Schlichtheit der Ornamente vermitteln den Eindruck von Stärke und Macht und scheinen eine Herausforderung an den nahe gelegenen massiven, maurischen Almudaina-Palast zu sein. Die Proportionen weisen wohl auf das für Palmas Geschichte fundamentale Schutzbedürfnis hin.

OBEN LINKS: *Speisezimmer des Palau March, nach einer Zeichnung von Luis Gutiérrez Soto, im englischen Stil mit einem Gemälde von M. de Hondecocter.*

OBEN RECHTS: *Teilansicht eines der Wohnräume im ersten Stock.*

OBEN: *Eines der Wohnzimmer.*

Stadtpalais

Als Frédéric Chopin, George Sand und ihre beiden Kinder 1838 an einem sonnigen Novembermorgen in Palma ankamen, waren sie angenehm überrascht, eine Stadt vorzufinden, die nach Sands eigenen Worten „einen ausgeprägten individuellen Charakter hatte“. Die Tage nach ihrer Ankunft verbrachten sie mit der Suche nach einem vernünftigen Quartier und

RECHTE SEITE: *Hauptfassade des Palau March, gestaltet vom Architekten Luis Gutiérrez Soto. Die Loggia ist im Stil der mallorquinischen Paläste des 18. Jh.s gehalten.*

der Erforschung von Palmas gewundenen Gassen und schattigen Plätzen. Sie fanden eine typisch mediterrane Stadt, „die einige Gebäude einmaliger Schönheit und von großem historischem Interesse aufwies".

Die meisten in dieser Epoche erbauten oder restaurierten großen Stadtpalais Palmas neigen, wie viele ihrer französischen und italienischen Gegenstücke, zu einer gewissen Opulenz, sind jedoch wie z. B. Can Oleza, Can Vivot und Can Solleric häufig etwas kleiner und bestehen aus zwei Hauptgeschossen und einem niedrigen Speicher. Der Haupteingang, der von der Straße in den Innenhof führt, ist meist sehr groß, jedoch bar jeder Verzierung. Manchmal kann man ein in Stein gehauenes Familienwappen über dem Eingang finden. Wie bei einem römischen Palazzo ist der Eingang größtenteils bogenförmig gestaltet und soll durch seine Größe und seine behauenen, nach außen gerichteten Steine, die Aufmerksamkeit des Passanten auf der Straße erwecken. In die Räume des Erdgeschosses fällt das Licht durch einige hohe Fenster, die durch schlanke Säulen unterteilt sind. Dies hatte Laurens aufgrund des eigenartigen arabischen Stils sehr fasziniert. Bei einigen älteren Gebäuden, wie z. B. beim 1556 erbauten Palmer Stadtpalais und Can Oleza, wirkt das Dachgeschoß wie eine Galerie mit gotischen Öffnungen. Laurens vergleicht diese dicht gesetzten Fenster mit der durchbrochenen Brüstung der Lonja, der alten Börse, die von dem großen mallorquinischen Architekten Guillermo Sagrera gebaut wurde und als eines der hervorragendsten gotischen Bauwerke Palmas gilt. Vor Wind und Regen werden die Stadtpalais durch ein Dach geschützt, das auf wunderschönen, im arabischen Stil geschnitzten Balken ruht.

Palma wurde zu einem der bedeutendsten Handelszentren im Mittelmeerraum, was zu wachsendem Wohlstand seiner Einwohner führte, die größere und im Stil pompösere Stadtpalais errichteten. Im späten 16. Jh. wurde der extrem schlicht und militärisch gehaltene Stil der älteren Stadtpalais von einer Vorliebe für Ornamente und fremde Stilrichtungen abgelöst. Diese Entwicklung fiel mit einem verheerenden Feuer zusammen, in dem viele der älteren Gebäude zerstört wurden. Neue Stadtpalais ersetzten die abgebrannten, und die Gebäude, die gerettet werden konnten, wurden innen und außen restauriert. Can Oleza und Can Vivot zählen zu den extravagantesten Beispielen dieser Periode. Sie spiegeln die Vorliebe für das Großartige und Opulente wider. 1840 schrieb J. B. Laurens in seinem „Souvenirs d'un voyage d'art a l'île de Majorque":

> Noch ein Jahrhundert nach der Renaissance bauten die wohlhabenden Einwohner Palmas äußerst luxuriöse Privathäuser. Sie hielten an den üblichen architektonischen Grundrissen fest, gestalteten aber ihre Vestibüle und Treppenhäuser nach der damaligen kontinentalen Mode. Dies erklärt das häufige Vorkommen toskanischer oder dorischer Säulen. Die Treppenaufgänge und Brüstungen gaben den aristokratischen Häusern etwas Großartiges.

Can Oleza in der zentral gelegenen Carrer Morey ist eines der vollständigsten und am besten erhaltenen Gebäude des städtischen Palma. Obwohl es dem Ende des 16. Jh.s zugesprochen wird, reichen seine Ursprünge in die Gotik. Die Fassade mit den spitzen Bögen ist von strenger Schlichtheit und weist einige gotische Elemente auf, während die starkverzierten Fenster einen erheblichen Einfluß der Renaissance verraten. Der Stil des äußerst großzügigen Patios ist bemerkenswert klassisch. Das Treppenhaus wird teilweise von einer Loggia, die auf zierlichen Arkaden und einigen großen Säulen mit reichverzierten Kapitellen ruht, überdacht. Den schmiedeeisernen Handlauf schmücken klassische Motive, wie man sie von steinernen Brüstungen her kennt.

Unter der Herrschaft der bourbonischen Könige erfuhr Palma im 18. Jh. ein Wiederaufleben der Schiffahrt, und es begann eine Epoche erneuten Wohlstands, in der die

Künste und die Architektur florierten. Hinzu kam, daß nach dem Erbfolgekrieg der italienische Einfluß infolge der starken Bindungen zwischen Norditalien und dem bourbonischen Hof noch stärker ausgeprägt wurde.

Can Vivot ist eines der bemerkenswertesten privaten Stadtpalais Palmas. Es wurde im 15. Jh. errichtet und dann Ende des 17. Jh.s von Don Joan Sureda i de Villalonga, einem treuen Höfling König Felipe V., der zum Regenten der Stadt Palma ernannt wurde und den Titel Marquis von Vivot erhielt, vergrößert und umgebaut. Dazu kaufte er noch die angrenzenden Anwesen und verwandelte den Komplex in ein monumentales Stadtpalais. Der Architekt Jaume d'Espinosa wurde für die Bauarbeiten gewonnen, und somit wurde „die große barocke Reform", wie sie Aina Pascual in ihrem Buch „Jardines de Palma" nennt, in die Wege geleitet.

Obwohl der Grundriß des Hauses, in dem viele Zimmer auf den zentralen Patio hinausblicken, relativ einfach und typisch für alle Stadtpalais Palmas ist, tragen die Fülle von bogenförmigen Loggien, Terrassen und Balkonen, das große Treppenhaus und der Stil

LINKE SEITE UND OBEN: *Teilansichten des Musikzimmers des Palau March (Josep Maria Sert, 1944).*

Loggia im Innenhof von Can Oleza, die Anfang des 18. Jh.s errichtet wurde.

der Säulen und Bögen dazu bei, eine Atmosphäre zu schaffen, die Pascual als eine Mischung aus klassischen und barocken, stark italienisierten Elementen beschreibt. Im Laufe des 18. Jh.s wurde der italienische Stil immer ausgeprägter. Die Stadtpalais spiegelten immer häufiger den persönlichen Geschmack ihrer Besitzer wider und wiesen unterschiedliche Stilrichtungen auf. Manche waren düster und ernst, andere hell getüncht; manche blieben den Traditionen verhaftet, während andere die Leichtigkeit und Ornamentik des verspielten Rokokos, der in Europa gerade vorherrschenden Kunstrichtung, bevorzugten. Sowohl die Struktur als auch die Dekors der Familienstadtpalais wiesen eine freizügigere Architektur auf.

Can Solleric, im 18. Jh. von der Familie Vallés d'Almadrá erbaut, erinnert ebenfalls stark an das Rokoko. Die Fassade mit der bogengeschmückten Loggia in der Mitte und großen Fenstern auf beiden Seiten ist im typisch italienischen Stil gehalten und gilt als Beispiel für den neuen, unbeschwerten Stil bei der Gestaltung der Gebäude. Die farbenfrohe Fassade wird durch buntgemalte Blumen und durch die Verwendung eines warmen Ockertons für den Hintergrund noch betont. Diese Verspieltheit, bis dahin unbekannt in der Architektur Palmas, wird weiter durch die stark ornamentalen, schmiedeeisernen Balkone im ersten Stock unterstrichen.

Eine besonders intensive Bautätigkeit ist für diese Periode kennzeichnend. Alte Stadtpalais wurden restauriert und kleinere Gebäude errichtet, da sich auch Veränderungen in der traditionsreichen, patriarchalen Familie abzeichneten. Bis dahin hatten drei Generationen einer Familie unter ein und demselben Dach gelebt, was aber besonders bei sehr kinderreichen Familien immer unpraktischer wurde. Haushalte, die bei jeder Mahlzeit drei Dutzend Familienmitglieder zu ernähren hatten, waren keine Seltenheit. Die Familien zerfielen in kleinere Einheiten, so daß auch neue, kleinere Häuser gebaut werden mußten.

Patios

Palma ist eine Stadt der Patios. A. G. de Saint-Sauveur, der 1801 nach Palma reiste, schrieb einst über die Stadtpalais der Stadt, daß „alles am Eingang zur Schau gestellt wird, in einer Art Vestibül oder Portico, der von Säulen gestützt wird". Er erwähnte auch den feinen Marmor dieser Säulen. Zur Zeit der Mauren und das ganze Mittelalter hindurch bis in die Gegenwart hinein war und ist der Patio das Herz mallorquinischer Häuser und Stadtpalais. In einer Stadt wie Palma, die teilweise ihren strengen, mittelalterlichen Charakter bewahrt hat, gewährt der Patio auch einen Freiraum inmitten der Enge des städtischen Lebens. Diese sonnendurchfluteten, weiß getünchten Innenhöfe mit ihren zierlichen Bögen und Säulen und den schönen Schmiedearbeiten, die meist die Brunnen und Balustraden schmücken, den zahlreichen Blumentöpfen, die im Hof und unter den Loggien stehen, sind eine Augenweide nach dem Anblick der düsteren Fassaden und den überfüllten, schattigen Straßen. Sie sind Oasen des Lichts und des Friedens. George Sand war von ihnen entzückt:

> Diese kleinen, ausgefliesten Innenhöfe mit ihrer Säuleneinfassung wie beim *cortile* der venezianischen Palazzi besitzen meist in der Mitte einen schlichten Ziehbrunnen. In Bestimmung und Aussehen unterscheiden sie sich völlig von unseren schmutzigen und nackten heimischen Höfen. Sie sind nicht Zugang zu Ställen und Remisen, sondern Halle und Mittelpunkt des Hauses wie das römische Atrium. Wenn der Säulenumgang mit Blumentöpfen geschmückt und mit Binsenmatten behangen ist, wirkt er gleichzeitig elegant und streng...

RECHTE SEITE: *Der herrliche und beeindruckende Patio von Can Vivot mit seinen großartigen Säulen und dem Wappen der Familie in der Mitte des Treppenhauses.*

Jedoch verkörpern die Patios mehr als nur architektonische Stil- oder Dekorationselemente. Allgemein kann man sagen, daß der Patio auf dem Lande eine funktionelle und in der Stadt

eher eine dekorative Rolle erfüllt; allerdings trifft dies in Palma nicht ganz zu. Der Patio war noch bis in jüngste Zeit eine Art privater Marktplatz, eine *lonja cerrada,* auf dem die Bauern ihre Produkte direkt anbieten und verkaufen konnten. In ihm konnten Vorübergehende auch einen zeitweiligen Schutz vor Wind und Regen oder vor der sengenden Sonne finden. Der interessanteste Patio Palmas ist der des Can Vivot. Die gebogenen Säulen erinnern an einen Klosterkreuzgang, wohingegen das auf blauem Hintergrund in der Mitte des Treppenhauses angebrachte Familienwappen aus polychromem Marmor ihm einen würdevollen und traditionsbewußten Charakter gibt.

Die Treppenhäuser, die vom Erdgeschoß in den ersten Stock eines jeden Stadtpalais hinaufführen, sind ein wichtiges architektonisches und dekoratives Element der Patios. Es gibt sie in zahlreichen Variationen. Die älteren Treppenhäuser der gotischen Stadtpalais, wie z. B. von Can Oleza, waren meist sehr einfach: ein einziger Aufgang, der von einem einfachen Bogen gehalten wurde und entlang einer Seitenwand des Patios verlief. Die dekorativen Merkmale dieser gotischen Treppen sind hauptsächlich die Qualität der Steine, aus denen sie gehauen wurden, und die ornamentalen Einzelheiten der Steinbalustraden.

Die Verzierung der Treppe von Can Oleza besteht aus mehreren Kreisen, die geometrische Muster von typisch gotischem und arabischem Ursprung umschließen. Während der Renaissance wurden die schlichten gotischen Treppenhäuser Palmas durch viel größere und aufwendigere ersetzt. Manche hatten nur einen Aufgang, der sich an einer oder zwei Seiten des Patios entlangzog, andere, wie das von Can Vivot, teilten sich in der Mitte und trafen bei der Loggia wieder aufeinander.

Teilansicht einer Kommode aus dem 17. Jh. in Ca Dona Mira.

Ein Portrait von José de Ribera (1591-1652). Er wurde in Játiva (Valencia) geboren und verbrachte die meiste Zeit seines Lebens unter dem Schutz der Vizekönige von Neapel, wo er einer der bedeutendsten Maler wurde. Fast alle seine Bilder wurden der Sammlung der Könige von Spanien zugeteilt, lediglich ein paar gingen an die Kirchen und aristokratische Familien.

Der Stil der Bodendekorationen der Patios ist oft venezianisch oder genuesisch. Mosaiken aus bunten Steinen stellen arabeske und oft auch geometrische Muster dar. Das Mosaik in Can Vivot ist ein großer Stern mit vielen Strahlen, die von der Mitte des Patios ausgehen.

Interieurs

George Sand war besonders von der Zeitlosigkeit im Inneren der Stadtpalais beeindruckt. Sie war über den Mangel an modernem Komfort und Geschmack überrascht. In „Un hiver à Majorque" beschreibt sie Palma als etwas verschroben, eine Stadt, in der seit dem 18. Jh. kaum mehr ein neues Haus errichtet worden war. Sie schrieb: „Nichts in ihren Häusern wird erneuert: Außer bei vielleicht zwei oder drei Familien ist sie [die Stadt] seit zwei Jahrhunderten unverändert geblieben. Die Mode regiert hier nicht; man hat auch keine Bedürfnisse nach Luxus, nicht einmal nach den Annehmlichkeiten des Lebens." Sand liebte Häuser, die mit persönlichen Dingen und Souvenirs ausgestattet waren, und schrieb, „besonders abscheulich empfinde ich ein karg möbliertes oder peinlich aufgeräumtes Zimmer". Sie stellte sich die Hölle als einen Ort vor, an dem die Ordnung regiert, wo nichts verrückt wird oder herumliegt und wo Tiere keinen Zutritt haben. Sie war daher kaum jemand, der die finsteren Interieurs vieler mallorquinischer Stadtpalais schätzte. Es ist jedoch interessant, die Passagen zu lesen, in denen sie die besichtigten Innenräume minutiös beschreibt. Wenn man den spöttischen Ton und den für sie charakteristischen Sarkasmus rela-

tiviert, kann man sich aufgrund der guten Beobachtungsgabe und der ausführlichen Beschreibung ein gutes Bild von den traditionellen Interieurs in Palma um 1830 machen:

LINKE SEITE: *Ein Zimmer in Ca Dona Mira.*

> Das Atrium im Palais eines *cavallers* – so nennen sich die vornehmen Mallorquiner noch heute – vermittelt, wie gesagt, den Eindruck großzügiger Gastfreundschaft und Wohlhabenheit. Sobald man aber die elegante Treppe hochgestiegen ist und das Innere des Hauses betreten hat, glaubt man sich an einem Ort, der ausschließlich zum Mittagsschlaf bestimmt ist. Riesige Säle im langgestreckten Rechteck, sehr hoch, sehr kalt, sehr düster, völlig nackt unter weißer Tünche und bar jeden Schmucks, abgesehen von großen altersgeschwärzten Familienbildern, die in einer Reihe so hoch hängen, daß man überhaupt nichts erkennen kann; vier oder fünf Stühle, bespannt mit schmierigem, wurmstichigem Rindsleder, das mit großen, vergoldeten und seit zweihundert Jahren nicht mehr geputzten Ziernägeln am Rahmen befestigt ist; einige Matten oder langhaarige Schaffelle, willkürlich über den Steinfußboden verteilt; die sehr hoch liegenden Fenster, von dicken Vorhängen umrahmt; breite Türen aus dem gleichen, dunklen Eichenholz wie die Decken-

Damastwohnzimmer in Ca Dona Mira mit einem Reitportrait von Don Priamo de Villalonga des mallorquinischen Malers Fausto Morell.

Der Baldachin dieses Bettes in Can Vivot war ein Geschenk König Felipes V. an den Marquis Vivot (ca. 1714).

balken, oftmals hinter einer Portiere aus altem Goldbrokat mit reichgesticktem Familienwappen, aber verschossen und zernagt vom Zahn der Zeit: So sehen Mallorcas Stadtpalais drinnen aus.

Schlichte Würde und Wertschätzung der Familientradition bestimmen die Einrichtung dieser aristokratischen Stadtpalais, in denen düstere Portraits und alte Möbel nur selten von neueren Anschaffungen abgelöst wurden.

Mehr als ein Jahrhundert später bezeichnet Graves viele der alten Stadtpalais als historische Lagerräume. Einige adlige Familien zogen sich „in ihre verfallenden Anwesen, in denen seit dem 17. Jh. kaum ein Raum neu möbliert wurde oder auch nur eine Erneuerung eingeführt worden war", zurück. Dasselbe gilt auch heute noch für viele Stadtpalais in Palma. So wurde z. B. die Inneneinrichtung von Can Vivot über drei Jahrhunderte hinweg kaum verändert. Der große Wohnraum mit seinen italienischen und flämischen Gobelins, Gemälden, Spiegeln und Füllhörnern an den Wänden ist einer der großartigsten der Stadt.

RECHTE SEITE: *Teilansicht des Baldachins von Felipe V. (sein altes Zelt) in Can Vivot.*

Im Musikzimmer von Can Vivot befindet sich ein Wandgemälde von Giuseppe Dardanone, das heidnische Götter und bacchantische Liebesszenen darstellt. Viele Decken

Staatszimmer in Can Vivot, das Anfang des 18. Jh.s gestaltet wurde.

Ein Zimmer in Can Vivot, das Anfang des 18. Jh.s entstand und mit flämischen Gobelins aus dem 17. Jh. ausgestattet ist.

in diesem Gebäude sind in der Manier der großen barocken Stadtpalais Roms, mit ihren extravaganten Stuckblumen und fliegenden Putti, gestaltet. In einem der Schlafzimmer steht ein Himmelbett mit einem Überwurf aus herrlicher grüner Seide, die über und über mit roten und goldenen Blumen bestickt ist. Er war jahrhundertelang in Familienbesitz und soll für Felipe V., den ersten Bourbonen, der Spanien regierte, angefertigt worden sein. In diesen Stadtpalais haben fast alle Gegenstände eine historische Bedeutung, um die sich Geschichten und Anekdoten ranken.

Teilansicht eines Zimmers in Can Vivot aus dem 18. Jh. mit einem Portrait von König Fernando VI.

Palma im zwanzigsten Jahrhundert

Viele der beschriebenen Häuser und Stadtpalais wurden entweder leergeräumt oder im Lauf unseres Jahrhunderts zerstört. 1953 schrieb Robert Graves niedergeschlagen: „Obwohl Hunderte der malerischsten Häuser Palmas, die teilweise aus dem 15. Jh. stammten, vor ein oder zwei Jahren abgerissen wurden, um Platz für einen großen, überdachten Markt, Durchgangsstraßen, Bürogebäude, Souvenirläden und Mietshäuser zu schaffen, bleibt Palma dennoch eine wunderbare Stadt." So manch ein Stadtpalais, das zerstört wurde, zählte zu den Juwelen der Stadt. Zwei aus der Renaissance stammende Stadtpalais wurden in den frühen 50er Jahren umgebaut. Das eine ist heute ein Regierungsgebäude, das andere wurde leergeräumt und dient als Reparaturwerkstatt.

Trotz des Raubbaus an den Kulturschätzen, dem kaum eine moderne Stadt Einhalt gebieten kann, hat Palma die Tradition der Prachtbauten im 20. Jh. wiederaufleben lassen. Das bemerkenswerteste Beispiel hierfür ist der Palau March. Er liegt in der Nähe der Kathedrale und des Königsstadtpalais und wurde während des Zweiten Weltkrieges von Joan March Ordinas, einem reichen Geschäftsmann einfacher Herkunft, gebaut. Er steht stellvertretend für die Hinwendung der spanischen Architektur zum Neoklassizismus, der sich in den Jahren nach dem Bürgerkrieg entwickelte. Die Gebäude wurden nach dem Vorbild der imperialen Architektur des 16. Jh.s gestaltet.

Architekt Luis Gutiérrez Soto, der Palau March entwarf, wurde besonders von den regionalen barocken Formen und Ornamenten inspiriert und hielt an der für Palmas Stadtpalais typischen Fassade und zentralen Loggia fest. Das große Stadtpalais ist sowohl als private Familienresidenz als auch als Sitz einer Bank und der berühmten March-Bibliothek konzipiert. Die Interieurs sind genauso erlesen und eindrucksvoll wie das Äußere. Empiremöbel stehen neben großartigen Stücken aus dem 17. und 18. Jh.; des weiteren findet sich in den Räumen eine einmalige Sammlung mit Werken großer Künstler wie Bronzino, Goya, Murillo und Ribera.

Die phantastischen, 1944 von Josep Maria Sert gemalten Wandgemälde erinnern an die des „Waldorf Astoria" in New York und sind von einmaliger Schönheit. Im Musikzimmer befindet sich ein Stuckrelief, welches so plastisch ist, daß der Eindruck erweckt wird, man stünde vor einem drapierten, angehobenen Vorhang, der den Blick auf gemalte Zirkusszenen mit schwarzen Artisten in Theaterkostümen des 18. Jh.s freigibt. Die Decke dieses Raumes ziert ein gemalter Himmel voller bunter und gemusterter Luftballons und ist Ausdruck dafür, daß phantasievolle Dekorationen noch immer in Palmas großen Häusern anzutreffen sind.

AVEMARIA

· 3 ·
Landsitze und Stadtpalais

In der Schweiz und in Tirol habe ich nicht diese freie und ursprüngliche Schöpfung empfunden, die mich auf Mallorca so bezaubert hat. In den wildesten Gegenden der Schweizer Berge scheint mir die allzu rauhen Wettereinflüssen ausgelieferte Natur der Hand des Menschen nur deshalb entzogen, um vom Himmel in noch härtere Zucht genommen zu werden, wie ein Tobsüchtiger, der mit sich allein gelassen wird. In Mallorca erblüht sie unter den Küssen eines feurigen Himmels und lächelt unter den Stößen der lauen Winde, die bei ihrer Jagd auf den Meeren über sie hinwegfegen. Nach dem Unwetter richtet sich die sturmgebeugte Blume kräftiger auf als zuvor, und der geknickte Baumstamm treibt neue Sprossen. Obwohl es auf der Insel eigentlich keine Wüstenstriche gibt, verleiht ihr das Fehlen gebahnter Wege ein vernachlässigtes und rebellisches Aussehen.

George Sand, „Un hiver à Majorque", 1838

George Sands Beschreibung der großartigen und vielfältigen Landschaft der Insel ist auch für ihre ländliche Architektur zutreffend. Mallorcas Landsitze – die auf der Insel *possessions* genannt werden – verbinden die imposanten Proportionen der Stadtpalais oder Villen der Renaissance mit der Schlichtheit und formalen Freiheit der regionalen Architektur. Sie sind Kompromisse für Bedürfnisse, die oft miteinander in Konflikt stehen – Selbstschutz, Landwirtschaft und später Repräsentation –, der zahlreichen Generationen von Landbesitzern. Bei den meisten Landsitzen führte das zu einem faszinierenden und einzigartigen Mischstil, in dem das Imposante alter Festungen und die Großartigkeit der italienischen Landvillen aus dem 16. Jh. durch das solide Aussehen und die praktischen Bedürfnisse einfacher Bauernhäuser gemildert werden.

Aber im Gegensatz zu den italienischen Villen wollen die typisch mallorquinischen *possessions* einen strengen und nicht verspielten Eindruck erwecken. Jedes Fenster, jeder Stein

LINKE SEITE: *Doña Cecilia Zaforteza i de Berga, Marquise von Vilafranca, erbaute Son Berga Nou, in Establiments, im Stil der besten Häuser der Hauptstadt.*

Son Torrella war im Mittelalter ein Gut, dessen Häuser im 17. Jh. von der Familie des Grandes Maestres Cotoner neu gestaltet wurden.

RECHTE SEITE: *Zugang von der Frontseite zu Son Berga Nou.*

SEITE 80/81: *Detailansicht des Patios des großen Besitzes der Familie Oleza in der Region Santa Maria.*

und jedes Ornament wurde den Bedürfnissen des alltäglichen Landlebens angepaßt. Ein Leben, das von einer besonders ausgeprägten Natur bestimmt wurde. Rauhe Winde, eiskaltes Wetter im Winter und eine sengende Sonne im Sommer haben diese Gebäude allen schmückenden Beiwerks beraubt. Der Lauf der Zeit und die zunehmende Landflucht haben einige dieser Häuser, die einst voller Menschen und Leben waren, in verlassene und rebellische Stätten verwandelt, die der sie umgebenden Landschaft ähneln.

Die meisten *possessions* wurden von den Nachfahren der katalanischen Ritter Jaimes des Eroberers erbaut, die jeweils ein großes Stück Land für ihre Verdienste erhielten. Es sind frei stehende Gebäude, die meist inmitten der sie umgebenden großen Ländereien liegen. Viele der älteren *possessions* wurden auf den Grundmauern alter *alqueries* – das arabische Wort für eine kleine Ansiedlung oder eine Gruppe von Häusern in der Nähe einer Wasserquelle – gebaut. Wasser, eher als die Qualität der Landschaft oder des Klimas, war der entscheidende Faktor für die Entstehung jedes *possessió*. Je größer der Wasserreichtum, desto wohlhabender das *possessió*. Im gebirgigen Norden Mallorcas, wo Wasser in der Form von natürlichen Quellen reichlich vorhanden ist, wurden viele dieser Landhäuser errichtet. Große Sorgfalt wurde auf die großen und oft wunderschönen Zisternen verwendet, so z. B. auf die von Raixa und Canet, wo Wasser sowohl für den Hausbedarf als auch zur Bewässerung gesammelt wurde.

Die ersten Landhäuser, die von Jaimes Rittern gebaut wurden, waren mittelalterliche, befestigte Höfe, die den zeitgenössischen Bauten in Katalonien ähnelten. Zu einer Zeit großer politischer Unruhe und der ständigen Angst vor räuberischen Angriffen, die noch bis ins 18. Jh. eine große Bedrohung waren, waren die Insel und ihre Bewohner besonders verwundbar. Daher dienten diese frühen *possessions* eher der Verteidigung als der landwirtschaftlichen Nutzung. Unter den vielen Weisungen Jaimes, die er für seine ehemaligen Soldaten und jetzigen Landbesitzer erließ, bezog sich die wichtigste auf die Verteidigung. Jeder Landbesitzer mußte seinen Besitz, so gut er konnte, vor jeglichem Angriff schützen. Mallorcas Architektur nahm daher festungsähnliche Züge an. Massive Mauern, wie sie z. B. den Patio in Son Torrella umgeben, mit Türmen und Zinnen erhoben sich. Entlang der besonders gefährdeten Küste wurden zahlreiche Festungstürme zum Schutze der Insel errichtet. Einige stehen noch heute bei Son Marroig und Son Mas und sind Zeugnis für Mallorcas rauhe Vergangenheit.

Teilansicht des Innenhofes von Son Torrella.

Ländliche Architektur

Die Zeit verging, und Generation folgte auf Generation. Viele der älteren *possessions* verloren ihre frühere militärische Funktion und wurden im Stil zunehmend ländlich. Die Natur war keine Wildnis mehr, vor der man sich fürchten und schützen mußte. Im Gegenteil, sie war zu einer Quelle der Nahrung und des Wohlstands geworden. Fenster und Türen wurden vergrößert, um den Blick auf die Umgebung freizugeben, Loggien und Veranden wurden immer häufiger ein gewohnter Bestandteil der Gebäude, und in einigen Fällen, so z. B. in Raixa und Canet, wurden italienische Gärten angelegt, in denen die Mitglieder der adeligen Familien lustwandeln und ihre Gäste unterhalten konnten. Auch die Patios – *clastres* – verloren etwas von ihrem Verteidigungscharakter und paßten sich mehr dem häuslichen Leben an; sie waren Versammlungsort und vor allem ein Arbeitsplatz, der Schutz vor Sturm und kaltem Wetter im Winter und vor der sengenden Sommersonne bot. Oft wurde ein großer Baum in der Mitte des Patios gepflanzt, um einen schattigen Platz für die Arbeiter zu haben. Der Patio war das Herz des ländlichen Lebens, der Garten vor dem Eingang, der oft von einer Balustrade umgeben war, dagegen der Ort, an dem sich die Familie in den kühlen Abendstunden versammelte, um die Landschaft zu betrachten.

Die Patios der mehr landwirtschaftlich genutzten *possessions*, also der Anwesen, die nicht nur Landresidenz waren, wie z. B. Sant Martí in der Nähe von Vilafranca in den südlichen Ebenen Mallorcas, erinnern vage an die Bauernhöfe Süditaliens, wie man sie z. B. auf Sizilien und in Puglia findet. Die dekorativen Elemente sind sehr einfach, und jeglicher Sinn für Symmetrie wurde von Generation zu Generation vereitelt. Türen und Fenster wurden nach Belieben oder nach praktischen Erwägungen eingesetzt und lassen kaum einen architektonischen Plan oder eine formale Dekoration erkennen.

Stadtpalaisartige *possessions*

Aufgrund des blühenden Handels auf Mallorca wuchs auch der Wohlstand der alten aristokratischen Familien, und neue Dynastien wurden gegründet. Dies führte zu einer Reihe von Veränderungen im Erscheinungsbild der Landsitze, die nun oft nicht mehr so schlicht waren, sondern einen imposanteren und opulenteren Stil bevorzugten. In Raixa und Canet wurden Anbauten errichtet, um die Anwesen größer erscheinen zu lassen; Dekore erhielten eine eindeutig italienische Note. All diese Neuerungen entwickelten sich aus dem Wunsch vieler reicher Familien, sich vom bäuerlichen Ursprung ihrer Landhäuser zu distanzieren. Der neue Stil sollte die Häuser sowohl mit der Atmosphäre eines gemächlichen Müßiggangs erfüllen, wie dies bei den typisch italienischen Villen der Fall war, als auch die ländlicheren Merkmale übertünchen.

Relief von Sant Martí de Tours über dem Haupteingang des alten Gutes von Sant Martí. Es ist eine Steinkopie aus dem 17. Jh., die ein hölzernes Relief aus dem 16. Jh. ablöste, welches noch immer existiert.

Die Fassaden wurden eindrucksvoller, und Familienwappen, wie z. B. das wunderbare Steinrelief über dem Eingang von Sant Martí, das einen Ritter auf seinem Pferd darstellt, wurden im Format größer und reichhaltiger verziert und verliehen so manchem Eingang ein aristokratisches Flair. Ebenso wurden Loggien mit Bogengängen immer häufiger, wie z. B. die Umfriedung des Patios von La Granja mit ihren zierlichen Doppelbögen. Treppenhäuser und Fenster wurden immer dekorativer und im Stil immer mehr italienisiert, auch wenn sie die Großartigkeit städtischer Palais nicht erreichten.

In den meisten Fällen jedoch ist all dies Zierwerk eher Teil eines unfertigen Puzzles, das von einer lockeren und freien Komposition zusammengehalten wird. Man wird nur selten ein *possessió* finden, das durch und durch nach den italienischen Vorbildern gestaltet ist. Canet bei der Stadt Esporles ist eines der wenigen Beispiele für ein *possessió*, das dem Stil einer

Teilansicht der Fassade von Son Torrella, Santa Maria.

Eindrucksvolle Säule im Hof von Vinagrella mit Treppe zum ersten Stock.

Der Zugang zu Son Berenguer, Santa Maria.

Ein kleiner Springbrunnen im Garten von Raixa, Bunyola, der Ende des 18. Jh.s angelegt wurde.

LINKE SEITE: *Blick auf den Patio von La Granja von der herrlichen Loggia aus, die im 18. Jh. von der Familie Fortuny erbaut wurde.*

Son Forteza in Puigpunyent wurde in der Mitte des 17. Jh.s von dem in den Adel erhobenen Kaufmann Don Joan Mir i Ramis, dessen Wappen am Eingang sichtbar ist, neu gestaltet.

Teilansicht des Hofs von Raixa.

Ansicht des Innenhofs von Raixa.

RECHTE SEITE: *Die Gärten von Canet. Das Haus ist heute leer und unbewohnt, aber die Gärten werden noch immer gepflegt.*

italienischen Renaissancevilla sehr nahe kommt, und ein großartiger Beitrag zur toskanischen Architektur des 18. Jh.s. Es liegt an einem von Wäldern umgebenen Hang und ist kaum das, was man in einer so wilden und abgelegenen Gegend Mallorcas erwarten würde. Viele Autoren vertraten die Ansicht, daß Canet seine Opulenz und Großartigkeit dem Bedürfnis seiner Bewohner, Wohlstand und Macht zu demonstrieren, verdankt. Wenn man sich Canet nähert, wird diese Theorie schon bestätigt: Man ist sofort von der Symmetrie der Fassade, einem eher ungewöhnlichen Merkmal in der ländlichen Architektur Mallorcas, beeindruckt. Alle Fenster und Türen, sowohl an der Frontseite als auch zum Patio hin, sind aufeinander abgestimmt, so daß sie an die klassischen Maße und die Harmonie italienischer Architektur erinnern. Auch wenn das Dekor eher sparsam ist, sind doch die Dimensionen sehr imposant. Selbst der Patio, der in der Regel eher intim und ländlich gestaltet wurde, scheint hier denselben Drang nach Symmetrie wie die Fassade aufzuweisen. Der Eindruck von Luxus und Überfluß wurde noch durch wertvolle, aus Italien importierte Materialien, wie z. B. Carrara-Marmor, verstärkt, mit dem einige der Böden und Türrahmen der Innenräume geschmückt wurden.

Ein weiteres *possessió*, das der italienischen Architektur stark angepaßt wurde, ist Son Forteza in Puigpunyent. Es liegt auf einem hohen Hügel und ist von Olivenhainen und Gärten in Terrassenbauweise umgeben. Dieses elfenbeinfarbene Haus, das einen Zitronenhain überblickt, ist wirklich monumental und eines der großartigsten Häuser, die außerhalb von Palma gebaut wurden.

Son Fortezas Dimensionen sind riesig, und sein harmonischer Grundriß erinnert an Villen der Medici. Die symmetrische Nordfassade, die großen rechteckigen Fenster und die identischen Seiteneingänge sind alle stark italienisiert. Der Patio dagegen ist einfach und

Ansicht von Son Forteza in Puigpunyent, mit der Fassade aus der Mitte des 17. Jh.s.

LINKE SEITE: *Hof des ehemaligen Klosters der Minimos in Santa Maria aus dem 17. Jh., das in den Besitz der Familie Conrado überging.*

häuslich im Stil. Rosen und andere Klettergewächse bedecken Teile der verblaßten rosafarbenen Stuckwände; der Brunnen in der Mitte ist schlicht gehalten.

Ein Patio, der mit der Großartigkeit seines Äußeren konkurrieren kann, ist der in Son Berga Nou. Obwohl die Wände und gewölbten Decken unter der Loggia relativ ungeschmückt und mit dickem weißem Putz bedeckt sind, wird durch die Verwendung des hellen, sandfarbenen Steins für die Säulen, die sich zierlich von den weißen Wänden abheben, eine gewisse Leichtigkeit erreicht. Der Boden des Patios ist mit einem Mosaik aus verschiedenen Steinen gestaltet, was ihm ein schlichtes, aber auch unerwartetes Aussehen verleiht.

George Sand meint, daß dieser Wunsch nach Großartigkeit im späten 17. Jh. und im 18. Jh. das Ergebnis der wachsenden Rivalität zwischen den mächtigen Adelsfamilien Mallorcas war. Viele dieser „malerischen Anwesen" waren die sichtbare Manifestation des Wunsches, zu dominieren und danach „zu streben, den anderen zu übertrumpfen". Dies trifft wohl zu einem gewissen Grade zu. Die individuelle Geschichte vieler mallorquinischer Aristokratenfamilien ist mit dem Blut harter Machtkämpfe um den wirtschaftlichen Vorrang befleckt. In Palma und auf dem Land wurden Häuser errichtet, die beeindrucken sollten und als Statussymbol für den Wohlstand und den Geschmack der jeweiligen Familien galten.

Ein weiterer Grund für das Fehlen eines einheitlichen architektonischen Stils und die Vielfalt der ländlichen mallorquinischen Architektur, besonders bei den großen Landgütern und Villen, ist sicherlich in der Abgeschiedenheit Mallorcas zu suchen. Die geographische Entfernung zu Vorbildern wie z. B. den Villen in Florenz oder Genua führte zu einer Auflockerung der architektonischen Grundsätze. Diese gewonnene Freiheit ließ die

LINKE SEITE: *Patio von Son Forteza, Alaró.*

SEITE 94/95: *Fassade von Raixa, die aus dem 18. Jh. stammt und von Kardinal Antoni Despuig i Dameto neu gestaltet wurde.*

Hof von Son Forteza in Puigpunyent, der aus der Mitte des 17. Jh.s stammt.

Die neugotische Fassade von Bendinat trägt das Wappen der Grafen von Montenegro, die das Haus 1888 neu gestalteten.

RECHTE SEITE: *Teilansicht der neugotischen Fassade (Trobadour-Stil) von Bendinat, die aus der zweiten Hälfte des 19. Jh.s stammt.*

Teilansicht des Springbrunnens am Fuße der Treppe.

LINKE SEITE: *Loggia von Raixa, die Ende des 18. Jh.s von Kardinal Antoni Despuig i Dameto erbaut wurde.*

Das beeindruckende Wasserreservoir in Raixa, wohl das größte der Welt.

Verwendung von dekorativen Motiven zu, die den verfügbaren Materialien entsprachen. Jedes *possessió* ist, in anderen Worten, ein Kompromiß zwischen dem Stil der Zeit, dem persönlichen Geschmack und dem Wunsch nach Komfort des Besitzers.

Teilansicht eines kleinen Springbrunnens im Garten einer Zelle des Kartäuserklosters, Valldemossa.

LINKE SEITE: *Fassade von Vinagrella, die Ende des 17. Jh.s von der Familie Zaforteza neu gestaltet wurde.*

Schwarze Steinornamente an der Fassade von Son Seguí.

Dekorative Effekte

Die Schönheit der mallorquinischen ländlichen Architektur beruht meist auf den Grundrissen und der herrlichen landschaftlichen Lage der massiven und stolzen Häuser. Allein durch ihre Größe wurde jeder Versuch zur dekorativen Gestaltung des Äußeren fade oder gar lächerlich. Es gibt keinen Raum für „Hübsches" innerhalb dieser soliden Wände, und lediglich die Balkone, steinernen Familienwappen über dem Eingang, schmiedeeisernen Balustraden und Brunnen in den Patios erhielten Schmuckelemente. Manchmal weisen die Nebeneingänge, die vom Patio ausgehen, und die kleinen Fenster, die die ursprünglich gotischen ersetzten, wunderbare Schnitzereien auf. Gemalte Dekore sowie kostbare Steine oder Marmor findet man nur sehr selten. Manchmal wurden farbige Majoliken zur Verzierung der Interieurs, besonders der Badezimmer und Küchen, sowie der Gärten verwendet.

Eines der typischsten Dekore für die Wände vieler *possessions* war eine sehr einfache Technik, die *pedra brodada* oder *brodada de macolin* genannt wurde. Bevor der Putz trocknete, wurden kleine Flintsteine in die Stuckwände eingelegt. In vielen Fällen, wie z. B. in Son Moragues, war die gesamte Wand mit *pedra brodada* bedeckt, wodurch auf der großen Fläche der Eindruck von Tiefe und Bewegung erweckt werden sollte. In Son Seguí bei Santa Maria wurden die Wände der Kapelle und des Wohnhauses in dieser Technik verziert, die dadurch an ein unregelmäßiges Mosaik erinnern. Durch diese Technik fielen auch Risse im Putz weniger auf.

Manchmal wurde *pedra brodada* auch zur Gestaltung komplizierter Muster verwendet. In einem der über dem Ort Valldemossa gelegenen Klostergärten von La Cartuja ist auf der Mauer hinter einem Brunnen ein Mönch, der neben der Kapelle betet, auf diese Art und Weise dargestellt. Dieser Wandschmuck ist eines der vielen Beispiele für diese einfache Technik, die oft benutzt wurde, um nackten Wänden eine liebenswerte, naive Verspieltheit zu geben. Eines der interessantesten und kunstvollsten Beispiele befindet sich an der Fassade von Galatzo. In den Putz gesetzte Flintsteine ergeben geometrische, zarte florale Motive, die leicht an neoklassizistische Wandmuster erinnern.

Das schönste Beispiel Mallorcas für Steinarbeiten liegt versteckt im Herzen der Bergregion von Orient. Es ist das *possessió* Comasema. Nähert man sich ihm über die gewundene Straße, die durch ein Tal voller Johannisbrot- und alter Olivenbäume und verstreuter, wilder Asphodielen führt, ist man von der großen Vergangenheit, die in jedem Stein des Gebäudes lebendig wird, überwältigt.

Seine monumentale Strenge und eindringliche Schlichtheit inmitten der wilden Berglandschaft erinnern an die karge Größe alter tibetanischer Tempel oder mittelalterlicher Festungen. Der offene Patio, der auf die Täler blickt, und die vielen unterschiedlichen Erweiterungen, die im Laufe der Jahrhunderte dazukamen, geben dem Anwesen einen ganz individuellen ländlichen Anstrich.

Comasema war einst eine der reichsten Besitzungen der Insel; sein Olivenöl war für seinen idealen Säuregrad berühmt. Das Anwesen weist kaum dekorative Elemente auf; hier ist alles streng und maskulin, selbst der Patio, der ansonsten immer ein Ort der Intimität und des Willkommens ist. Auch zaghafte dekorative Elemente der Treppen und Balkone, die auf den Patio blicken, können den militärischen, festungsähnlichen Charakter dieses imposanten Gebäudes nicht mildern.

Gekachelte Küche von Sarriá.

Das imposante Son Berga Nou, nördlich von Palma in der Region von Establiments, wurde 1798 erbaut. Die reiche, mächtige Familie Berga geht direkt auf einen der Gefolgsleute Jaimes des Eroberers zurück; Son Berga Nou war einer der vielen Landsitze, die sie bewohnten. Wie Comasema ist es eines der wenigen Anwesen der Insel, die in einem relativ guten Zustand erhalten geblieben sind.

Son Berga ist teilweise aufgrund seiner hellen ockerfarbenen Fassade und der elfenbeinfarbenen Fensterläden anmutiger und eleganter als die meisten Landsitze, jedoch basiert die Schönheit des Gebäudes hauptsächlich auf den Steinarbeiten, wie z. B. dem Sandsteinportal und dem weiten, bogengeschmückten Treppenhaus. Im Verlauf des 17. und 18. Jh.s wurden nackte Steinmauern immer häufiger verputzt. Manchmal wurde der Putz mit Naturfarben wie Ocker oder blassem Grün bemalt, aber meist wurde er weiß getüncht, und lediglich die Sonnenuhr, in barockem Rot oder Grün, mit hübschen Inschriften und dem daruntergeschriebenen Datum, war ein Farbtupfer an der eintönigen Fassade.

Eisen ist ein weiteres Material, das in der ländlichen Architektur sowohl zur Dekoration als auch aus praktischen Gründen verwendet wurde. Eisenglocken, Eisenbalustraden mit geometrischen oder floralen Mustern sowie Bögen aus Eisen als Dekor für Brunnen waren oft zu finden. In Es Pagos stellt die Schmiedearbeit am Brunnen einen Pfau dar, der dem Anwesen seinen Namen gibt. In manchen Fällen wurde für die Geländer, Balustraden und Kamine Terrakotta anstelle von Stein oder Eisen verwendet. Dies läßt vermuten, daß auch billigere, auf der Insel natürlich vorkommende Materialien aus Gründen der Ersparnis eingesetzt wurden.

Haupteingang zum Hof von Comasema, Orient.

SEITE 104/105: *In Comasema findet sich eines der am besten restaurierten Häuser aus dem 17. Jh.*

Blick auf Comasema und seine Befestigungsanlagen.

Hof von Santa Ponça, der aus dem Mittelalter stammt.

Diese numerierten Steine („rotes") wurden zur Identifizierung der verschiedenen Felder des Anwesens benutzt.

Bemalte Majolika, in der Form von farbenfrohen Kacheln, findet sich ab und an als Dekor in Küchen und manchmal bei den Böden der Kapellen oder auch entlang der Gartenwege oder bei Springbrunnen im Freien. Eines der schönsten Beispiele ist die Küche in Sarriá an der Nordwestküste. Die hellen Farben und Muster der Kacheln passen wunderbar zu den weißgetünchten Wänden des Raumes und der Schlichtheit der Möbel.

Interieurs

Die Innenräume der *possessions* beeindrucken am stärksten durch ihre verzerrten Dimensionen. Die unglaubliche Anzahl der Zimmer und die Größe mancher der Wohnräume scheinen in keinem Verhältnis zur äußeren Größe der Häuser zu stehen. Viele wurden gebaut, um eine große Anzahl an Personen zu beherbergen: die Familie des Besitzers, der oft mit mehreren Generationen unter einem Dach lebte, sowie die zahlreichen Dienstboten und ihre Familien.

George Sand war über die große Anzahl von Dienstboten, die in beinahe jedem aristokratischen Haushalt Mallorcas beschäftigt waren, überrascht. Nachdem sie einige priva-

Küche von Sa Bassa Blanca, Alcudia.

Allgemeine Ansicht von Sarriá. Das Haus wurde von der Kaufmannsfamilie Llabrés erbaut. Im 17. Jh. gelangte es in den Besitz der Familie Armengol, die seinen Stil veränderte. Im 19. Jh. wurde es als Kloster benutzt.

RECHTE SEITE: *Panoramaansicht des Tales von Moncaire.*

Bogengang im Hof von Sant Martí, der bei der Restaurierung Anfang des 18. Jh.s hinzukam.

Die Fassade und Loggia von Es Canyar sind herrliche Beispiele für ein modernes Projekt im typisch mallorquinischen Stil.

RECHTE SEITE: *Der Hof von Sa Bassa Blanca, einem Haus am Meer, das 1980 nach den Entwürfen des ägyptischen Architekten Hassan Fathy (1900-1989) erbaut wurde.*

te Stadtpalais besucht hatte, schrieb sie mit dem für sie typischen Sarkasmus, daß „die *cavallers* von Mallorca es als Luxus erachten, fünfzehn Dienstboten für ein Anwesen einzustellen, für das im Höchstfall zwei benötigt würden“. Trotz der ständig zunehmenden Verarmung der alten Familien bestand diese extravagante Gewohnheit bis in die frühen Jahre unseres Jahrhunderts.

LINKE SEITE: *Scheune im ersten Stock von Els Calderers, einem Bauernhaus, das Ende des 14. Jh.s von Doña Margalida de Verí y Fortuny, einer Aristokratin, die für ihre ländlichen Unternehmungen berühmt war, erbaut wurde.*

Damit all diese Menschen unter einem Dach untergebracht werden konnten, wurden *possessions* mit zwei getrennten Wohnbereichen gebaut. Einer für die Landarbeiter und ihre Familien – die sogenannte *casa dels amos*; die einfachen und kahlen Räume befanden sich im Erdgeschoß. Der andere Bereich, im ersten Stock, war dem Grundbesitzer und seiner Familie, wenn sie aufs Land fuhren, vorbehalten. Obwohl diese „edlen Quartiere“ offensichtlich sowohl im Stil als auch in der Möblierung imposanter waren, verdienen die Unterkünfte der Arbeiter besonderes Interesse. Die *casa dels amos* von Son Forteza in Puigpunyent und die von Son Berga Nou sind bis zum heutigen Tage mehr oder weniger intakt geblieben. In beiden Fällen waren die weißgetünchten Wände den praktischen Bedürfnissen des alltäglichen Lebens angepaßt und stehen für das, was Sand einst als den „natürlichen guten Geschmack“ der Mallorquiner beschrieb. Sitzgelegenheiten wurden aus großen Steinplatten gehauen; Kamine und Öfen waren in die Räume integriert. Alles hier unten wirkte sauber, einfach und funktionell, und im Gegensatz zu den oberen Stockwerken herrschten hier eine natürliche Schlichtheit und ein Mangel an Symmetrie, die in den Arbeiten Antoni Gaudís im 20. Jh. einen Widerhall finden.

Eine interessante Beschreibung eines typischen ländlichen Interieurs findet sich in George Sands „Un hiver à Majorque“. Nach anfänglichen Schwierigkeiten, ein passendes Quartier auf der Insel zu finden, mietete sie mit ihren zwei Kindern und Chopin in der Nähe von Establiments ein Landhaus namens Con Vent, das seinen Namen – Haus des Windes – seiner den Elementen ausgesetzten Lage verdankte. Sie verliebten sich in den Ort und seine Umgebung, auch wenn sie die Räume etwas unbequem fanden. Hier die Beschreibung, die sie vom Inneren gibt:

> Es war wie alle mallorquinischen Landsitze möbliert: mit Feldbetten oder Holzbetten, die oft grün gestrichen wurden, oft nur aus zwei Böcken bestehend, die einige Bretter trugen, und einer dünnen Matratze, Stühlen mit Korbsitzflächen, derben Holztischen; nackte, aber untadelig weißgetünchte Wände und als krönender Luxus Glasfenster in fast jedem Raum.

Fassade von Els Calderers in Sant Joan aus dem 18. Jh.

Die spartanische Atmosphäre eines solchen Hauses wurde im Lauf des 19. Jh.s auf den Kopf gestellt. Das herrliche *possessió* von Els Calderers, das im Süden Mallorcas zwischen den Orten Vilafranca und Sant Joan liegt, ist ein wunderschönes Beispiel für diese Veränderung. Obwohl das Hauptgebäude aus der Mitte des 18. Jh.s stammt, sind seine Innenräume, die im Laufe des 19. Jh.s möbliert wurden, klein und intim. Charakteristische Merkmale sind die einzigartigen Kamine im Wohnraum und im Arbeitszimmer des Hausherrn.

Viele dieser Räume, besonders das Schlafzimmer, das Ankleidezimmer und das Eßzimmer, zeichnen sich durch ein kultiviertes Durcheinander aus. Familienportraits hängen neben verblichenen Photographien in Holzrahmen. In einem Raum wurde eigens für die Sammlung geschnitzter Spazierstöcke ein Regal an der Wand angebracht.

Die aufregendsten Extravaganzen des 19. Jh.s finden sich im Erdgeschoß des herrlichen Anwesens Son Berga Nou, das im 18. Jh. erbaut wurde. Man muß erst eine Anzahl von würdevollen Räumen passieren, bevor man auf ein überraschendes, phantasievolles Dekor stößt. Die Wände und Decken sind vollständig mit sorgfältig arrangierten Figuren und alten Zeitungsausschnitten geschmückt. Miniaturarmeen von Papiersoldaten versammeln sich auf der gewölbten Decke in einer imaginären Parade von Uniformen, während von den Wänden Frauen und Männer mit einer wissenden Ironie von ihrem Papierhinter-

Hauptschlafzimmer in Els Calderers.

Empfangsraum am Eingang von Els Calderers.

Teilansicht des Wohnzimmers der Hausherrin im ersten Stock.

Hauptspeisezimmer in Son Forteza, Alaró.

Kleineres Eßzimmer im Erdgeschoß von Son Forteza.

RECHTE SEITE: *Teilansicht der Ölpresse („tafona") im alten Teil des Hauses.*

LINKE SEITE: *Der Weinkeller von Es Pagos, Vilafranca, stammt aus dem 17. Jh.*

Die Ölpresse („tafona“) im alten Haus von Bendinat.

Eingangshalle von Sant Martí mit einem gotischen Altargemälde.

Teilansicht der Bibliothek von Sa Bassa Blanca.

RECHTE SEITE: *Ein kleiner Raum in Son Berga Nou, Establiments.*

Ein Schlafzimmer in Can Conrado aus dem 18. Jh.

RECHTS: *Das Wohnzimmer in Son Forteza stammt aus dem Ende des 17. Jh.s und hat einen wunderschönen Boden.*

RECHTE SEITE: *Teilansicht eines Zimmers von Sant Martí.*

grund in den Raum blicken. Der Künstler war der Großvater des heutigen Besitzers, der in der zweiten Hälfte des 19. Jh.s längere Zeitabschnitte auf Son Berga lebte.

Das neugotische Haus von Bendinat ist ebenfalls Beispiel für ein ganz außergewöhnliches mallorquinisches Interieur. Obwohl das Äußere mit seinen Türmen und einem riesigen doppelköpfigen Adler und der den italienischen Stil verspottende Garten mit Springbrunnen und Grotten ungewöhnlich genug sind, ist es die Inneneinrichtung, die das ganze Anwesen prägt. Wenn man Bendinat betritt, fühlt man sich in einen viktorianischen Alptraum versetzt. Einige Wandgemälde stellen imaginäre Szenen von der Geschichte der christlichen Eroberung Mallorcas dar: Islamische Frauen, die mit Gold behangen und in Schleier gehüllt sind, knien vor den Eroberern in unterwürfiger Haltung, während ihre Männer, barfüßig und alle in exotische und farbenprächtige Gewänder gekleidet, vor den König gebracht werden. Die Szenen des großen Banketts, das bald nach der Eroberung stattgefunden haben soll, sind mit allen graphischen Details ausgeführt.

In anderen Räumen finden sich Belege für die vielfältige und hochentwickelte Tischlerkunst: Die Türen sind geschnitzt, und die Fensterrahmen laufen spitz im gotischen Stil zu. Die Kacheln in einem der Badezimmer legen Zeugnis ab für eines der ältesten Kunsthandwerke der Insel. Der kleine Raum ist ganz und gar mit blauweißen Kacheln ausgekleidet, die romantische Landschaften mit Schwänen und Wäldern darstellen. Sie wurden in der berühmten mallorquinischen Ziegelei La Roqueta gebrannt, die zu Beginn des 20. Jh.s ihren Betrieb einstellte. Obwohl Bendinat von den meisten Mallorquinern als

Teilansicht des Arbeitszimmers des Hausherrn von Els Calderers.

LINKS: *Kinderschlafzimmer in La Granja.*

Monstrosität betrachtet wird, die am besten vergessen werden sollte, ist es dennoch eine faszinierende und originelle Mischung verschiedenster Stilrichtungen, die bedauerlicherweise dem Verfall und der Vergessenheit überlassen wird.

La Granja

Wie Els Calderers wurde dieses *possessió* kürzlich von seinem Besitzer Cristóbal Seguí Colom restauriert und in ein herrliches Museum umgewandelt, das sich mit der Darstellung des ländlichen Lebens auf Mallorca befaßt. Viele seiner Räume werden von einem äußerst ungewöhnlichen Stil geprägt. La Granja ist im Gegensatz zu den befestigten Anlagen wie Son Torrella oder Comasema und zu der imposanten Opulenz von Canet erfreulich hell und farbenfroh. Seine pastellfarbenen Innenräume zeugen von einem verfeinerten Geschmack und regionaler Handwerkskunst.

LINKE SEITE: *Ankleidezimmer in La Granja.*

Decke des Arbeitszimmers von Son Berga Nou, die mit Papierausschnitten bedeckt ist.

Ausschnitt des Arbeitszimmers von Son Berga Nou.

RECHTE SEITE: *Arbeitszimmer im Erdgeschoß von Son Berga Nou, mit verschiedenen Papierausschnitten, die auf das Ende des 19. Jh.s hinweisen.*

LINKE SEITE: *Kapelle von Son Berga Nou, mit dem Wappenschild der Familien Berga und Zaforteza über typisch mallorquinischen Gemälden.*

OBEN: *Die Kapelle von Son Seguí. Das Altargemälde enstand Ende des 18. Jh.s, die Gewölbe sind aus dem 16. Jh.*

OBEN: *Die Kapelle von Son Forteza aus Alaró ist eine der wenigen, die ein Deckenfresko aufweisen.*

OBEN RECHTS: *Ausschnitt des Altarbildes in der Kapelle von Comasema, das aus dem Jahr 1571 stammt.*

RECHTS: *Kapelle in Son Berenguer.*

Die Kapelle von Son Forteza, Puigpunyent. Das Altarbild wurde im 17. Jh. von dem reichen Kaufmann Joan Mir i Ramis, der zu jener Zeit in die Aristokratie aufgenommen wurde, in Auftrag gegeben.

Treppenabsatz im ersten Stock von Vinagrella, Llubí.

Zimmer in Vinagrella mit herrlichem mallorquinischem Damast und mallorquinischen Portraits der Familie Zaforteza.

Ein Zimmer in Can Conrado, mit einem Portrait des königlichen Schatzmeisters Esteve Conrado i Dalabau (zweite Hälfte des 17. Jh.s).

Arbeitszimmer in Can Puig, einem Haus in Artá.

Eßzimmer in Can Puig.

Haupttreppe von Sant Martí.

Kapelle von Sant Martí, mit einem Altargemälde aus dem 17. Jh.

RECHTE SEITE: *Die Kapelle von Raixa. Unter der Kuppel aus dem 16. Jh. befindet sich das Altargemälde aus dem 18. Jh. Es ist die Darstellung des Wappens von Ramon Despuig i Martínez de Marcilla, bevor er 1736 zum Gran Maestre gewählt wurde.*

Korridor in Son Forteza, Alaró, mit der Eingangstür zur Kapelle.

Ein Schlafzimmer in Son Forteza mit einem typisch mallorquinischen Bett.

Sobald man diesen in den Bergen versteckten und nahe der Nordwestküste gelegenen Ort bei Esporles erreicht, ist man von dem Frieden, der von der üppigen Vegetation ausgeht, ergriffen. George Sand schrieb: „Wenn einer unserer großen Landschaftsmaler jemals nach Mallorca kommt, empfehle ich ihm den Landsitz Granja de Fortuny mit den Orangen- und Zitronenbäumen in der Mulde, die sich vor seinen Marmorkolonnaden erstreckt, und den Weg, der dort hinführt." Diese Gegend wurde schon immer aufgrund ihrer zahlreichen Wasserquellen geschätzt. Noch heute wird ein Springbrunnen vor dem Haus aus einer natürlichen Quelle tief im Felsen gespeist. Orangen-, Zitronen- und andere Bäume scheinen hier besonders gut zu gedeihen.

La Granja besitzt eine lange Geschichte. Bevor die Christen Mallorca eroberten, hatten sich die Mauren in einer großen *alqueria* hier angesiedelt. Später wurde an derselben Stelle ein Kloster errichtet. Mitte des 15. Jh.s wurde La Granja Privatbesitz, der von einer Familie zur anderen gereicht wurde, bis er 1665 Eigentum der reichen und aristokratischen Familie Fortuny wurde, die ihn zu einer Sommerresidenz umbauen ließ.

Der Kern des jetzigen Hauses stammt aus dem 17. Jh., während des 18. Jh.s kamen jedoch viele Anbauten und Veränderungen hinzu. La Granja ist eines der interessantesten noch vorhandenen Beispiele ländlicher mallorquinischer Architektur. So ist der Patio nicht nur ein quadratischer, von Mauern umgebener Platz. Zu seinem Dekor zählen eine lange Galerie an der Südseite, eine wunderschöne hölzerne Treppe und ein einfacher Springbrunnen im florentinischen Stil.

Die Fassade zieren zwei Türme, die durch eine lange, bogengeschmückte Galerie verbunden sind, die sich nach beiden Seiten hin öffnet und so das Licht frei in den Patio und die Innenräume strömen läßt. Türen, Fenster, Bögen, Säulen und Balustraden werden von rötlichem Sandstein, einem für Mallorca typischen Material, eingerahmt. Der warme Rotton hebt sich gegen das lichte Ocker der Wände und das helle Grün der Holzläden ab.

UNTEN LINKS: *Zimmer im ersten Stock von Bendinat mit typisch mallorquinischen Portraits.*

Eßzimmer in Bendinat mit Gemälden vom Ende des 19. Jh.s.

Kamin im Wohnraum des Erdgeschosses von Bendinat, Anfang des 20. Jh.s von Don Ramon Despuig i Fortuny, VII. Graf von Montenegro, im Trobadour-Stil ausgestattet.

RECHTE SEITE: *Teilansicht eines Wohnraumes im Erdgeschoß von Bendinat.*

Die neugotische Kapelle von Bendinat.

LINKE SEITE: *Die Tür der Ölpresse von Bendinat.*

Eines der Schlafzimmer in Bendinat.

RECHTE SEITE: *Ein kleines Badezimmer im ersten Stock von Bendinat, ganz mit handgemachten Kacheln aus dem Jahre 1904 gefliest, die aus der heute geschlossenen mallorquinischen Fabrik von La Roqueta stammen.*

Ein Schlafzimmer im ersten Stock in La Granja.

LINKE SEITE: *Loggia von La Granja, die ca. 1716 erbaut wurde. Sie ist ein Beispiel für die Vorliebe jenes Jahrhunderts, urbane architektonische Details für große Landsitze zu übernehmen.*

OBEN: *Spielzimmer in La Granja.*

RECHTE SEITE: *Ein Raum in La Granja mit Wandfresken, die Anfang des 19. Jh.s entstanden.*

Die geschmackvoll restaurierte Küche von La Granja.

OBEN LINKS: *Kleines Wohnzimmer im ersten Stock von Vinagrella.*

OBEN RECHTS: *Eßzimmer in Son Berenguer.*

La Granjas Innenräume spiegeln die Schönheit und das Licht der sie umgebenden Landschaft wider. Luftige Räume blicken auf der einen Seite auf den Rosengarten und auf der anderen auf den Patio. Im Wohnzimmer stößt man auf ein ungewöhnliches Trompe-l'œil, das in Anlehnung an florentinische Fresken eine lokale Berglandschaft mit einem zierlichen Zaun im Vordergrund darstellt. Die Decke, mit einem Trompe-l'œil-Kronleuchter in der Mitte, ist wie ein riesiger Sonnenschirm bemalt. Ungewöhnlich ist auch eine hinter einem Vorhang versteckte Bühne am Ende des größten Raumes im Haus, auf der ein Orchester zu Bällen oder Banketten aufspielen konnte.

Gärten

Obwohl die Mauren während ihrer Herrschaft auf der Insel einige herrliche Gärten anlegten, wovon einer Grundlage für den Garten von Alfábia war, gingen diese nach der katalanischen Eroberung beinahe vollständig verloren. Graves berichtete 1953 von den „nichtexistierenden Gärten" der *possessions*, und Arthur Byne und Mildred Stapley beschreiben 1928 den typischen mallorquinischen Garten als klein und pflegeleicht. In vielen Fällen bestehen die „Gärten" auf der Insel aus ein paar Blumentöpfen, einigen Rosenbüschen, einem überdachten Bogengang und ein paar Steinsitzen mit einem Tisch. Das ist alles. Mit einigen Ausnahmen, wie z. B. in Raixa, Canet und Bendinat, gibt es fast keine Skulpturen oder bunte Fliesen, wie man sie in andalusischen Gärten findet. Bäume, in der Regel Orangen- und Zitronenbäume, sind der einzige Schmuck. Olivenhaine wurden auf nahe gelegenen Terrassen angelegt, und manchmal, so z. B. in Son Berga Nou, trifft man auch auf Weinberge.

Im 17. Jh. wurde manchmal versucht, große italienische Gärten zu imitieren, so z. B. in Canet. Nicht weit von der *esplanada* des Hauses führt eine große Steintreppe mit einer herrlichen Balustrade zu einem Springbrunnen, der mit einer Statue geschmückt ist, die in jüngster Zeit leider mutwillig beschädigt wurde. Der Garten und der künstliche See sind, wie die Villa, ein großer Tribut an den italienischen Stil. Er ist für seine schönen und seltenen Bäume, die in diesem anscheinend idealen Mikroklima gedeihen, berühmt.

Der schönste Garten Mallorcas im italienischen Stil ist jedoch der von Raixa, das nahe der Stadt Bunyola, an der Straße, die von Palma nach Sóller führt, liegt. Raixa wurde auf dem Gelände einer maurischen *alqueria* errichtet und trägt noch immer seinen arabischen Namen, der darauf hinweist, daß es schon vor der christlichen Eroberung ein wichtiger Ort war. Es wurde im 18. Jh. von Kardinal Don Antoni Despuig i Dameto, einem Mitglied einer der mächtigsten Adelsfamilien Mallorcas, der Grafen von Montenegro, in eine herrliche Villa im italienischen Stil umgewandelt.

Der Despuig-Stadtpalais in Palma genoß große Anerkennung und Prestige. Kardinal Despuig war ein begeisterter Amateurarchäologe und ließ auf der Insel viele Ausgrabungen vornehmen. In Raixa gründete er auch ein Museum für seine wertvollen archäologischen Funde. Der Garten spiegelt seine Vorliebe für antike römische Statuen wider. Zu Beginn des 20. Jh.s hatte der Graf von Montenegro die meisten Statuen Raixas an die Stadt Palma verkauft. Nur die große Steintreppe, die von der Villa zu dem terrassenförmig angelegten Garten führt, ist noch Zeugnis der einstigen Großartigkeit. An beiden Seiten der Treppe stehen abwechselnd Löwenstatuen und menschliche Figuren, die den Weg bis zum Springbrunnen flankieren. Der Garten erstreckt sich wie die meisten italienischen Vorbilder über eine Reihe von Terrassen und blickt auf einen großen, rechteckigen künstlichen See.

Im Garten von Raixa konnte Despuig auch einige seiner extravaganten Ideen verwirklichen. So z. B. eine imitierte Steinruine mit einem echten mittelalterlichen Fenster, das einst Teil eines zerstörten Klosters in Palma war. Sie liegt in einem schattigen Teil des Gartens und ist ein Beispiel dafür, daß die Vorliebe des 18. Jh.s, pittoreske Ruinen wieder neu aufzubauen, auch ihren Weg auf die Insel gefunden hat. In einem anderen Winkel des Gartens befindet sich ein Kinderhaus, das die Miniatur eines typischen, alten mallorquinischen Heims ist. Auch wenn Raixas Gärten heute nur noch ein Schatten ihrer einstigen Großartigkeit sind, so bezaubern sie doch auch heute noch.

Viele mallorquinische *possessions* sind heute mehr oder weniger verlassen. Manche, wie Raixa, haben ihren Zauber trotz der Spuren der Zeit und der Achtlosigkeit einiger früherer Besitzer bewahren können. Die Romantiker wären von der dekadenten Schönheit dieser Gebäude und ihrer überwucherten Patios zweifellos inspiriert gewesen. Andere *possessions*, wie z. B. Son Berenguer bei Santa Maria, wurden liebevoll restauriert, und manche, wie z. B. La Granja, Els Calderers und Can Conrado, wurden vor dem steten Verfall gerettet und in Museen umgewandelt. Im großen und ganzen sind jedoch nur noch einige ganz in ihrer ursprünglichen Funktion erhalten geblieben. Hierzu zählt Comasema, das bis zum heutigen Zeitpunkt den alten Geist und die rauhe Schönheit des ländlichen Mallorcas verkörpert.

RECHTE SEITE: *Herrliche Treppe im Garten von Raixa, die Ende des 18. Jh.s von Kardinal Antoni Despuig i Dameto erbaut und Apollo gewidmet wurde.*

Treppe beim Wasserreservoir von Raixa.

LINKE SEITE: *Die Gärten von Canet, Esporles.*

Valldemossa

Der nahe der Nordwestküste gelegene mittelalterliche Ort Valldemossa inmitten einer dramatischen Berglandschaft ist von einzigartiger historischer Bedeutung. Abgesehen von seiner natürlichen Schönheit, ist Valldemossa auch als Geburtsort von Mallorcas einziger Heiligen, Catalina Thomás, die 1935 heiliggesprochen wurde, berühmt. Das alte Kartäuserkloster, das über dem Ort aufragt, sowie das große düstere Stadtpalais Palacio del Rey Sancho neben dem Kloster haben ebenfalls zu seinem Ruhm beigetragen.

George Sand, die 1838 einige Monate in Valldemossa in einer der ehemaligen Zellen des Klosters lebte, faßte seine Geschichte und seinen Charakter in einigen Worten zusammen:

> Das Dorf Valldemossa, das stolz auf sein Stadtrecht aus der Araberzeit ist, liegt im Schoße der Berge auf gleicher Höhe mit der Kartause, deren Anhängsel es zu sein scheint. Wie eine Kolonie von Nestern der Seeschwalbe klebt es kaum zugänglich am Berg, und die Männer, meist Fischer, gehen frühmorgens fort, um erst spät am Abend heimzukehren.

LINKE SEITE: *Neugotischer Hof von Bendinat mit vielen verschiedenen Palmen.*

Häuser in Valldemossa.

Teilansicht der Galerie des Palacio del Rey Sancho.

Ungefähr vierzig Jahre nachdem Sand und Chopin die Insel verlassen hatten, wählte Erzherzog Ludwig Salvator von Österreich dieselbe Region aus, um seine visionären Ideen zu verwirklichen. In seinem auf Mallorca verfaßten Buch „Lo que sé de Miramar" (1911) gab er die Eindrücke von seinem allerersten Besuch Valldemossas an einem grauen und regnerischen Tag um 1870 wieder. Die Straße, die zum Dorf führte, schrieb er, war aufgrund ihres schlechten Zustandes und der vielen Kurven schwer passierbar. Als das Dorf endlich in sein Blickfeld kam, konnte er kaum glauben, was er sah:

> Wir erreichten ein altes und verlassenes Haus [Son Oleza], das inmitten grauer Felsen auf einem Plateau stand, an zwei Seiten von Bergen umgeben, und an einer Seite einen Blick auf das Meer bot. Ich konnte nicht glauben, daß dies die Stadt Valldemossa war. Man hatte mir von vielen Gärten und Hainen erzählt, und ich konnte nichts als graue Steine und alte Olivenbäume sehen. Ich glaubte, wir hätten den Weg erneut verloren und daß wir letztendlich gar nicht auf Valldemossa blickten...

Wie schon die Worte des Erzherzogs ahnen lassen, sind das beeindruckendste an Valldemossa seine Lage und die eigenartige Rauheit der umliegenden Landschaft. Obwohl das Land sehr felsig und schwer zu kultivieren ist, ist es den Einwohnern gelungen, Terrassen anzulegen und Olivenbäume und andere Früchte anzubauen. Hoch auf einem Hügel, ca. 400 m über dem Meeresspiegel, hat man einen phantastischen Blick auf das Meer.

Direkt von den fruchtbaren Ebenen Establiments' kommend, beschrieb Sand die Landschaft als „ein wechselhaftes Gelände, bald waldig, bald felsig-trocken und dann wieder feucht und frisch – nie hat sich die Natur mir gegenüber so freigebig in ihrem Erscheinungsbild gezeigt wie hier". Sie war beeindruckt, mit welcher Freiheit sich die Natur manifestierte.

Hier war die romantische Wildnis, nach der sie sich in Paris gesehnt hatte, mit ihren felsigen Bergen, unkultivierten Feldern, von wildwachsender Vegetation überzogen, und mit versunkenen Pfaden, die Wasserläufe begleiteten. „Es ist einer jener überwältigenden Anblicke, die keinen Wunsch offen, der Phantasie keinen Spielraum lassen. Alles, was Dichter und Maler sich erträumen können, hat die Natur hier geschaffen: ein gewaltiges Ganzes mit unendlichen Einzelheiten in unerschöpflicher Vielfalt, wirre Formen, scharfe Konturen, verschwommene Tiefen – alles ist vorhanden, und Kunst könnte dem nichts hinzufügen."

Das beeindruckendste Gebäude in Valldemossa ist das La Cartuja, das Kartäuserkloster. Auf einem Hügel thronend, wurde dieses Gebäude aus dem 14. Jh. als Ort des Rückzugs für die Mönche des St.-Bruno-Ordens errichtet. Von ihm aus hat man einen spektakulären Blick auf die Berge und das Meer. Robert Graves, in seinen Notizen zu Sands „Un hiver à Majorque", zitiert den Engländer Sir John Carr, der das Kloster im Oktober des Jahres 1809 besuchte. Seine Beschreibung des Klosters und der umliegenden kultivierten Felder vermittelt ein Bild der einstigen Landwirtschaft, die sich heute in einem desolaten Zustand befindet:

> Als wir die Ländereien des Klosters betraten, trafen wir auf eine geschäftige und kundige Landwirtschaft. Nachdem uns unser Weg an den Flanken der malerischsten Hügel, die bis zum Gipfel mit dichter Vegetation überzogen und von ordentlich übereinander angelegten Terrassenmauern umgürtet waren, und an üppigen Weinreben, die sich um Mandelbäume wanden, vorbeiführte, erblickten wir die blaßgelbe Fassade des Klosters, das in gelassener, majestätischer Ruhe an einem Berghang vor uns lag...

Ansicht von Sa Coma, Valldemossa, das im 17. Jh. vergrößert und in der zweiten Hälfte des 19. Jh.s vom Marquis von Vivot neu gestaltet wurde.

Ein restauriertes Haus in Valldemossa.

Carr beschreibt auch seinen Besuch im Klosterinneren und in der Kirche, die erst kurz zuvor errichtet worden war. Die Kirchenkuppel und das Dach waren in knalligen Farben von einem italienischen Künstler geschmacklos bemalt worden, während die Basen der Säulen aus feinem Marmor der nahe gelegenen Steinbrüche bestanden.

Zu Beginn des 19. Jh.s besuchte A. G. de Saint-Sauveur, französischer Konsul auf den Balearen und Autor eines 1807 erschienenen Reiseberichts über die Insel, Cartuja. Zu jener Zeit war es ein blühendes Kloster, in dem mehr als fünfzig Mönche lebten und arbeiteten. Sie kultivierten das Land und boten den Bedürftigen Essen und Unterkunft an. Jeder Mönch, schrieb er, „verfügt über einen kleinen Bereich mit drei Zimmern und einem Garten, den er zu seinem Vergnügen hegt und pflegt". Der französische Konsul bemerkte auch, daß das Kloster wohlhabend war und daß „die Mönche den armen Familien Valldemossas gegenüber sehr großzügig waren..."

Als George Sand und Frédéric Chopin in den kalten Wintermonaten des Jahres 1838 hier verweilten, waren die religiöse Gemeinschaft, die sich im Lauf einiger Jahrzehnte sehr verkleinert hatte, und das Kloster aufgelöst worden. Die gespenstische Atmosphäre, die dieses verlassene Gebäude umgab, sagte den beiden abenteuerlustigen Reisenden aus Paris zu. Sand kommentierte die unheimliche Stimmung, die an vielen windigen Abenden in ihrer Unterkunft herrschte:

UNTEN LINKS: *Ein Raum einer Zelle des Kartäuserklosters.*

UNTEN RECHTS: *Eine vor kurzem renovierte Zelle im Kartäuserkloster.*

> Niemals habe ich den Wind derartige Klagelaute und Verzweiflungsschreie ausstoßen hören wie in diesen hohlen, widerhallenden Gängen: das Rieseln der Bäche, die wilde Jagd der Wolken, das monotone Rauschen des Meeres, unterbrochen vom Sausen des Sturmes, und die klagenden Schreie der Möwen, die, ganz erschrocken und von den Windstößen abgetrieben, vorbeistreichen. Und dann die dicken Nebel, die sich plötzlich herabsenkten wie ein Leichentuch; wenn sie durch die brüchigen Arkaden ins Kloster eingedrungen waren, machten sie uns unsichtbar und ließen die kleine Lampe, mit der wir uns leuchteten, wie ein Irrlicht erscheinen, das in den Gängen herumtanzt; diese und tausend andere Umstände, die sich in meinem Gedächtnis drängeln, machten aus dem mönchischen Leben in der Kartause den romantischsten Aufenthalt von der Welt.

Wer sich hingegen von der verlassenen Atmosphäre nicht im geringsten beeindrucken ließ, war Erzherzog Ludwig Salvator von Österreich. Er beschreibt seinen ersten Besuch in Valldemossa und im Kloster als wenig bemerkenswert. „Der große, verlassene Korridor und seine leeren Zellen sprachen mich nicht besonders an. Ich hätte nie gedacht, daß ich noch so oft an diesen Ort zurückkehren würde..."

Die Kartause besteht aus einer Reihe von großen Gebäuden mit massiven Mauern aus behauenen Steinen. Am meisten beeindruckt die immense Größe der Anlage. Wenn man bedenkt, daß diese geräumigen Zimmer so viele Jahrhunderte hindurch von einer relativ kleinen Anzahl von Menschen bewohnt wurden, wirkt das Kloster noch monumentaler. Die alten Zellen, von denen jede aus drei geräumigen Zimmern bestand, liegen in der Nähe des Innenhofs, der erst kürzlich in einen liebenswerten und leicht verwilderten Garten umgewandelt wurde. Die Kirche ist schlicht und mit irdenen Kacheln ausgelegt, die wunderschön mit Blumensträußen bemalt sind und ein teppichähnliches Muster bilden.

Heute gehört die Kartause drei Familien. Bei der Besichtigung wird man auch in die Räume geführt, in denen Chopin und Sand mehrere Monate lang wohnten. Sie sind mit vielen Photographien und Andenken an ihre Beziehung und ihren Aufenthalt auf Mallorca angefüllt. Wenn man von der Zelle in den Rosengarten hinausgeht, so ist man von der wilden, natürlichen Schönheit dieses Ortes und dem Blick auf die Berge überwältigt. Chopin beschreibt diese Eindrücke in einem Brief vom 3. Dezember 1838 an seinen Freund Fontana in Paris:

> Ich werde am schönsten Flecken dieser Erde wohnen: Meer, Gebirge... Alles, was man sich wünschen kann. Wir werden in einer alten, verlassenen Kartause leben, von der Mendizabal alle Mönche ausdrücklich zu meinem Wohle verbannt hat. Sie liegt nahe bei Palma und könnte nicht reizvoller sein: Zellen, ein höchst poetischer Friedhof...

Nicht weit von der Kartause entfernt befindet sich der Palacio del Rey Sancho. Das düstere Stadtpalais stammt aus dem 14. Jh. und war die Winterresidenz eines mallorquinischen Königs. Obwohl das massive Gebäude von außen dieselbe strenge und beinahe finstere Schlichtheit vieler mallorquinischer Stadtpalais aufweist, sind seine Innenräume merkwürdig imposant. Die überladene Einrichtung – dunkle, schwerfällige Möbel des 17. Jh.s vor schweren, bestickten Gobelins, geschnitzte, vergoldete Spiegel, düstere Familienportraits und Meter über Meter kostbarer Seiden – erinnert an die ermüdenden Interieurs römischer Stadtpalais.

Es gibt zahlreiche Biographien über Valldemossas heilige Catalina Thomás; die vollständigste ist die von Kardinal Despuig, dem Besitzer von Raixa. Laut seinen Angaben wurde die heilige Catalina in eine gute, aber verarmte Familie hineingeboren und zeigte von Jugend

Teilansicht des roten Damastwohnzimmers des Palacio del Rey Sancho.

RECHTE SEITE: *Teilansicht des gelben Damastwohnzimmers.*

Tor zu einer der renovierten Zellen des Kartäuserklosters.

an Zeichen großer Religiosität. Sie fastete streng an festgelegten Tagen und betete bei Spaziergängen ständig den Rosenkranz. Robert Graves zufolge hat die heilige Catalina auch „heimlich Sand in ihre Suppe gemischt, um der Sünde der Völlerei entgegenzuwirken". Die Freude am Gebet und am abgeschiedenen Leben sowie die Verachtung für den Tanz und andere weltliche Vergnügungen gaben ihr den Namen *viejecita*, wörtlich übersetzt „die kleine Alte".

Catalina Thomás wurde in Palmas Kloster Santa Magdalena Ordensfrau. Im Mauerwerk an der Rückwand der Kirche von Sant Nicolau in Palma ist der Stein eingelassen, auf dem sie saß, als die Jungfrau Maria ihr erschien und ihr versicherte, daß sie im Kloster angenommen werden würde. Ihre Biographen beschreiben ihre prophetischen Fähigkeiten und die Wunder, die sie bewirkte. Sie starb im April 1574. Ihr Tod, berichtet George Sand, wurde als allgemeines Unglück betrachtet, und die Menschen erwiesen ihr die größten Ehren. Catalinas Leichnam ruht in einer ihr geweihten Kirche und wird noch heute ab und zu den Gläubigen gezeigt.

Diese heilige Frau einfacher Herkunft wurde 1792 von Papst Pius VI. seliggesprochen und 1935 von Pius X. heiliggesprochen. Auf Gemälden kann man sie an dem weißen Kuchen aus Feigenbrot in ihren Händen erkennen.

· 4 ·
Erzherzog Ludwig Salvator

Die Nacht war klar; eine jener Winternächte, in der die Sterne zum Greifen nahe scheinen. Der Wind, der vom Meer kam, war so kalt, daß ich nicht schlafen konnte, und doch herrschte so großer Frieden über dem alten Turm, daß meine Gedanken nach Miramar flohen und ich mir sagte: Wie schön wäre es, diese Stunden hoch oben auf seiner Terrasse zu verbringen. In diesem Augenblick dachte ich das erste Mal daran, Miramar zu kaufen.

Ludwig Salvator von Österreich, „Die Balearen", 1869 bis 91

Die jüngste Geschichte des großen, wunderschönen Gebietes, das sich von den schneebedeckten Gipfeln des Teixgebirges bis zu den wilden, felsigen Klippen zwischen den Orten Valldemossa und Deiá, entlang der Nordwestküste Mallorcas erstreckt, ist eng mit dem Schicksal eines Mannes, des Erzherzogs Ludwig Salvator von Österreich, verknüpft. Seit dem Tag seiner Ankunft 1867 auf der Insel hat der Erzherzog den Verlauf der Ereignisse in diesem Teil der Insel verändert. Er kaufte und restaurierte viele Häuser und *possessions*, er kultivierte das Land, legte Weinberge an und pflanzte Bäume. Er schuf Gärten und Wege, die sich durch dichte Wälder bahnten und zu herrlichen Aussichtspunkten führten, wo er manchmal Pavillons errichten ließ.

Der Erzherzog schrieb und veröffentlichte einige Bücher und Studien über Mallorca. Das wichtigste ist „Die Balearen" (1869-91), ein umfassender, achtbändiger Forschungsbericht, der sich der Geschichte, Naturwissenschaft und Geographie der Insel widmet. Andere Arbeiten wie ein Reiseführer, ein Band über Miramar, den ersten Besitz, den er auf Mallorca kaufte, und seine 1905 veröffentlichte Hommage an Catalina Homar, die Frau aus Valldemossa, die seine Geliebte wurde und S'Estaca vorstand, geben Aufschluß über die persönlichen Erfahrungen und Ansichten des Erzherzogs. Sein Leben auf Mallorca war dem uneigennützigen Bestreben gewidmet, einen Teil des wertvollsten Erbes der Insel, nämlich ihre ländlichen Traditionen und ihre natürliche Schönheit, zu bewahren.

Seine Königliche Hoheit der Erzherzog Ludwig Salvator von Habsburg-Lothringen war der dritte Sohn von Leopold II., Großherzog von Toskana, und von Maria Antoinette

LINKE SEITE: *Teilansicht einer italienischen Kommode aus dem 17. Jh., die im Wohnzimmer von S'Estaca steht.*

Ansicht von Miramar.

von Bourbon, Tochter von Franz I., König von Sizilien und Neapel. Er wurde am 5. August 1847 im Palazzo Pitti in Florenz geboren. Aus seiner Kindheit ist lediglich bekannt, daß er sich selbst viele Briefe schrieb, eine ungewöhnlich ungezwungene Erziehung genoß und die meiste Zeit auf einem Baum im Garten verbrachte, umgeben von Affen, mit denen er seine Mahlzeiten teilte. Erst 1859, als der revolutionäre Druck gegen die Österreicher in Florenz stärker wurde, mußten Ludwig Salvator und seine Familie die Stadt und somit ihren Thron und ihre Besitzungen verlassen. Ludwig Salvators Leben im Exil hatte begonnen.

Er legte an einem warmen Sommertag im Jahre 1867 mit dem Schiff Jaime II. in Mallorca an. Er war knapp zwanzig Jahre alt und wollte unter allen Umständen die Welt außerhalb des Wiener Hofes entdecken. Sein offizielles Ziel war die Intensivierung der Erforschung der Balearen, ein Unterfangen, das schließlich zu dem vielbändigen Werk „Die Balearen" führte. Laut Bartomeu Ferrá, seinem Biographen, der ein unterhaltsames, wenn auch etwas idealisiertes Portrait zeichnete, war diese erste Reise auf die Balearen ein Versuch, den Schmerz über den plötzlichen Tod seiner Braut zu lindern. Der junge Mann, der in jenem Sommer in Palma ankam, war nach Ferrás Worten kein „jugendlicher Prinz, glücklich und abenteuerlustig", sondern glich eher „einer gequälten Seele, die durch einen tragischen Sturm erschüttert war und die wie ein Wrack entlang der Küsten der Balearen trieb".

Was auch immer seine ursprünglichen Beweggründe waren, Ludwig Salvator verliebte sich in Mallorcas wilde, natürliche Schönheit, sobald er einen Fuß auf die Insel gesetzt

LINKE SEITE: *Teilansicht des Carraratempels von Son Marroig, der von Erzherzog Ludwig Salvator erbaut wurde.*

SEITE 170/171: *In Son Gallard befindet sich ein weiteres schönes Beispiel für eine alte Küche der Landarbeiter („pagesos").*

Kapelle von Son Ferrandell, Valldemossa, mit Gewölben aus dem 16. Jh.

Die Kapelle von Son Gallard, Deiá. Das barocke Altargemälde wurde der mallorquinischen Heiligen Catalina Thomás gewidmet, die als Kind hier lebte.

RECHTE SEITE: *Die alte Küche in Son Ferrandell.*

Blick auf die Fassade von Son Gallard.

hatte. Seine ersten Eindrücke, die in „Die Balearen" niedergeschrieben sind, waren die eines Ortes schlichter Schönheit, wo, wie er glaubte, der Mensch ehrfürchtig in Harmonie mit der Natur lebte. „Die Mallorquiner", schrieb er, „besitzen eine angeborene Liebe und gute Veranlagung für das ländliche Leben, was auf den Traditionen ihrer Ahnen beruht. Diese Liebe manifestiert sich sowohl in dem Wunsch, neues Land zu kaufen, sowie in dem Streben nach der Kultivierung des Landes, das sie schon besitzen..."

Von all den Regionen Mallorcas, die Ludwig Salvator während seines ersten Aufenthaltes erforschte, fesselte ihn die Landschaft zwischen Valldemossa und Deiá am meisten. Die trockene Berglandschaft mit alten Johannisbrot- und Olivenbäumen und einer erstaunlichen Vielfalt an wilden Sträuchern erlaubte im Nordwesten einen spektakulären Ausblick auf das Meer. Mit unermeßlichem Fleiß versuchten die Bewohner, die Berghänge und die Klippen bis ans Meer hinunter in Terrassenbauweise zu kultivieren und die archaische Rauheit des Landes zu zähmen.

„Was ist um Deiá, daß man im Herzen so berührt ist?" fragte sich Robert Graves einige Jahrzehnte später. „Es blieb mir als spektakulärer, aber nicht wirklich schöner Ort in Erinnerung. Dort war noch nie etwas Bedeutendes geschehen, und ich konnte mir auch nicht vorstellen, daß sich dies ändern würde." Seine Antwort ist eher auf Visionen gegründet und poetisch als sachlich, aber sie stimmte zweifellos mit Ludwig Salvators romantischer Natur überein. Graves glaubte an die Kraft

> der seltsamen, halluzinatorischen Qualität Deiás auf fremde Besucher... Diese Halluzination mag mit dem Mond zusammenhängen. Die Kirche soll auf einem iberischen Schrein der Mondgöttin erbaut sein, und ich möchte schwören, daß das Mondlicht nirgendwo in Europa so stark wie in Deiá ist, man kann in ihm sogar Farben unterscheiden. Und Mondlicht ist ja dafür bekannt, den Verstand zu verwirren.

Nach einigen Monaten auf Mallorca faßte Ludwig Salvator, laut Angaben einiger seiner Biographen, den Entschluß, die natürliche Schönheit der Insel zu bewahren. Besonders die alten Olivenbäume, die für große Teile der Insel charakteristisch waren, lagen ihm am Herzen; auch Robert Graves beschreibt diese Bäume als einzigartig:

> Die Olivenbäume hier erinnern nicht an die zurechtgeschnittenen, dichten und beständigen Sorten, die man in Italien, Frankreich und Kalifornien findet, sondern sie sind gekrümmt, grotesk geformt, oft nur aus Felsspalten wachsend, sie werden nie bewässert oder zugeschnitten, lediglich einmal im Jahr wird die Erde mit einem primitiven Eselspflug ein bißchen aufgelockert, und alle sieben Jahre werden die größten Äste zugeschnitten. Sie sind beinahe unverwüstlich: Viele wurden schon vor mehr als 700 Jahren von den Mauren gepflanzt. Ein Sprichwort der Einwohner lautet: „Wenn du einen Olivenbaum verhätschelst, werden die Früchte verdorben."

Ludwig Salvator wollte einige dieser alten Bäume vor dem Fällen bewahren, was ihn letztendlich dazu veranlaßte, die meisten Besitzungen zu kaufen. In seinem Buch „Les Iles Oubliées" (1893) beschreibt Gaston Vuillier, wie der Erzherzog auf die Nachricht, auf einem nahe gelegenen Grundstück sollten die Bäume gefällt werden, impulsiv beschloß, das gesamte Anwesen zu einem Preis, der weit über dem Wert lag, zu erwerben. Die Kunde über den

RECHTE SEITE: *Teilansicht des Hofs von Son Moragues.*

Kauf machte schnell die Runde, und innerhalb weniger Tage begannen die Bauern in der Umgebung ihre alten Bäume zu fällen in der Hoffnung, die Aufmerksamkeit des Erzherzogs zu erlangen. „Der Erzherzog konnte in der Früh seine Fenster nicht mehr öffnen", schreibt Vuillier, „ohne den Lärm der Äxte zu hören." Um dieser Qual ein Ende zu bereiten, kaufte Ludwig Salvator schließlich einen Großteil des Landes an der Küste.

Der Erzherzog war auch von den landwirtschaftlichen Möglichkeiten, besonders dem Wein- und Olivenanbau, dieser Region fasziniert. Das Land bei Deiá und Valldemossa galt schon immer als die fruchtbarste und ertragreichste Gegend der Insel. Colin Campbell, der schon 1716 den wohl ersten Reiseführer über Mallorca schrieb, beschreibt die Gegend folgendermaßen:

> Deiá gehört zur Stadt Valldemossa, die viele Früchte sowie große Mengen an Öl und Seide hervorbringt. Die Luft ist hier besonders rein. All die Täler, Hügel und Wälder sind mit herrlichen Hainen überzogen, die angenehmen Schatten gewähren… Deiá setzt sich aus frei stehenden Landhäusern zusammen. Die vielen Brunnen, Haine und Obstbäume lassen den Ort besonders angenehm wirken. Seine Kirche steht in der Mitte der Ebene auf einem kleinen Hügel.

Die vielen schriftlichen Arbeiten des Erzherzogs über Mallorca enthalten zahlreiche historische und wissenschaftliche Überlegungen sowie Beschreibungen über sein eigenes Land und dessen landwirtschaftliche Bearbeitung. Am aufschlußreichsten sind jedoch die Photographien des Buches. Sie zeigen Männer und Frauen bei der Weinlese in S'Estaca, Kinder, die auf Karren oder in den Olivenhainen spielen, und Alte, die sich vor Son Moragues ausruhen und die Sonne genießen. Eine Welt der betriebsamen Geschäftigkeit und ländlichen Traditionen, die der Erzherzog so bewunderte und an der er teilhaben wollte.

Teilansicht der Muschelarbeiten in der Grotte von Son Ferrandell, Valldemossa.

Ausschnitt eines italienischen Altargemäldes aus dem späten 17. Jh., das aus S'Estaca stammt.

Zwischen 1872 und 1901 kaufte Ludwig Salvator in dieser Gegend zahlreiche Anwesen und kleinere Gehöfte. Am Ende seines Lebens besaß er auf Mallorca ca. 1.700 Hektar Land. Die Anwesen hatte er von ca. fünfzig Besitzern per hundert Hektar erworben. Der Erzherzog verband diese Grundstücke, auf denen oft einzelne Höfe standen, zu einem geeinten Anwesen. Insgesamt kaufte er ein Drittel der kleinen Grundstücke in der Nähe Valldemossas, mehr als vierzig Prozent der größeren und beinahe die Hälfte aller großen Anwesen in der Gegend von Deiá, womit er eine völlig neue Verteilung des Landes dieser Region schuf.

Er lernte die stolze Schlichtheit der ländlichen Traditionen der Insel und ihrer Bewohner immer mehr schätzen. Besonders beeindruckt war er von dem Fehlen strenger sozialer Schranken zwischen den Gesellschaftsschichten, mit denen er verkehrte. Obwohl er an den sozialen Ritualen der Inselaristokratie nicht teilnahm und seine Zeit lieber in Gesellschaft einfacher Leute wie z. B. Catalina Homars und seines persönlichen Sekretärs

Antoni Vives verbrachte, war er doch überrascht über die Ungezwungenheit, mit der, besonders auf dem Lande, die oberen Schichten mit den Leuten, die für sie arbeiteten, verkehrten. In seinem 1905 veröffentlichten Buch über Catalina Homar erwähnt der Erzherzog die freundlichen Gespräche und die Freundschaft zwischen den *senyors* – den Grundbesitzern – und den sogenannten *pagesos*, den Landarbeitern. Er glaubte, daß das ländliche Leben die Hauptstütze mallorquinischer Zivilisation sei. Die Architektur der *possessions*, in denen sowohl die Landbesitzer als auch die Arbeiter unter einem Dach lebten, war das Symbol dieser Zivilisation und wohl der Grund für die charakteristische Verbundenheit zwischen den Schichten.

Ländliche Bräuche faszinierten den Erzherzog so sehr, daß er leidenschaftlicher Sammler alter landwirtschaftlicher Geräte wurde. Ebenso füllte er seine Häuser mit vielen traditionellen mallorquinischen Möbelstücken, die er meist in alten Bauernhäusern fand. Er zeigte Respekt vor der Handwerkskunst der Inselbewohner und versuchte diese alten Traditionen vor der wachsenden industriellen Expansion, die bereits andere Teile Europas ergriffen hatte, zu bewahren. Er nahm aktiv am Leben und Wohlergehen der Mallorquiner Anteil. Ihre volkstümlichen Bräuche beeindruckten ihn besonders und waren einer der Gründe, warum er Miramar kaufte. Dort restaurierte er die alte Kapelle der Heiligen Dreifaltigkeit, die früher von den Ortsansässigen als Andachtsort benutzt worden war.

Ludwig Salvator hatte auch den Wunsch, seine Liebe zu Mallorca mit anderen Fremden zu teilen. Er wußte, daß einer der Wege, dieses irdische Paradies zu bewahren, die Erschließung Mallorcas für den internationalen Tourismus war. Als er das erste Mal auf die Insel kam, gab es kaum Hotels, die den Bedürfnissen der Fremden gerecht werden konnten. Um hier Abhilfe zu schaffen und als Anreiz für abenteuerlustige Reisende, auch die abgelegenere Gegend nördlich von Palma zu erkunden, errichtete der Erzherzog die „Hospederia von Madó Pilla", die nach der Frau, die sie bewirtschaftete, benannt wurde.

Diese spartanische, aber einladende, an der Küste gelegene Herberge in der Nähe Miramars war die einzige Unterkunft für diejenigen, die den Norden der Insel bereisen wollten. Jeder, der wollte, konnte drei Tage lang in der „Hospederia" auf Kosten des Erzherzogs schlafen und essen. Für Schriftsteller wie Gaston Vuillier und den britischen Reisenden Charles Wood, der später den amüsanten Band „Letters from Majorca" (1888) veröffentlichte, die hier wohnten, hatte die „Hospederia" den romantischen Reiz eines alten Gasthofes. 1876, kurz nach der Eröffnung, beherbergte die „Hospederia" von Miramar hundert Besucher in der Woche.

Ludwig Salvator dachte an den Tourismus, als er den exzellenten Reiseführer über die schönsten Sehenswürdigkeiten in und um Miramar schrieb. Dieses Buch ist in sechs entzückende Reiserouten aufgeteilt, die den Fremden halfen, die alten Ruinen wie z. B. die Kapelle der Heiligen Dreifaltigkeit oder das alte Kloster sowie einige der spektakulären Landschaften der Region zu entdecken. Viele der berühmten Aussichtspavillons, die er selbst entwarf und bauen ließ, waren der Öffentlichkeit zugänglich.

Neben Mallorcas Möglichkeiten der Landwirtschaft und des Fremdenverkehrs interessierten den Erzherzog die arabischen Ursprünge der Insel ganz besonders. Wie viele intellektuelle und gebildete Europäer des „fin de siècle", war er von der Kultur und dem Einfluß des Islams in Europa, wovon auf Mallorca noch viel zu sehen war, fasziniert. Das Alltagsleben der Mallorquiner wies seiner Meinung nach viele Aspekte und Merkmale der alten arabischen Kultur auf. Der Erzherzog untersuchte diese arabischen Wurzeln in einigen seiner Bücher. Er kam zu dem Schluß, daß Mallorcas komplexe und vielschichtige Kultur das Ergebnis seiner eigenartigen Mischung europäischer und islamischer Kultur ist.

Sein Interesse an diesem kulturellen Aspekt Mallorcas zeigt sich am offensichtlichsten in der Architektur und dem Dekor einiger seiner Gebäude. Die kleine Kapelle von Puig del Verger ist z. B. eine Mischung der arabischen *koubba* und christlicher Stilelemente, und

LINKE SEITE: *Diese herrliche Loggia in Son Marroig wurde 1870 von Erzherzog Ludwig Salvator erbaut.*

der Aussichtspavillon von Puig de sa Moneda ist eine Imitation des Minaretts einer Moschee in Kairo. S'Estaca, das ganz und gar vom Erzherzog entworfen wurde, ist eine stilisierte Version eines traditionellen islamischen Gebäudes, während die geometrischen Muster, die die Wände des Hauses in Miramar bedecken, an alte arabische Muster erinnern. Die Tatsache, daß Miramar im 13. Jh. die Residenz des berühmten Gelehrten Ramón Llully war, der hier eine berühmte Schule für orientalische Sprachen gründete, muß dazu beigetragen haben, daß er sich zum Kauf und zur Restaurierung entschloß.

Ludwig Salvator starb 1915 im Alter von 68 Jahren in seinem Schloß Brandeis in Böhmen. Er hinterließ einen Besitz mit herrlichen Gebäuden und Ländereien. Der Hauptbegünstigte seines riesigen Vermögens, einschließlich des Schlosses Brandeis in Böhmen, war sein langjähriger Sekretär und Freund Antoni Vives. Seinen Verwandten verblieb fast nichts. Obwohl einige Mallorquiner vor und nach seinem Tode behaupteten, die „natürlichen" Kinder des Erzherzogs zu sein, wurden die Anwesen schließlich unter den Kindern von Vives und deren Nachkommen aufgeteilt. Die „Hospederia" wurde bald nach seinem Tode geschlossen, und auch die traditionellen Feiern und Bankette in Miramar fanden nicht mehr statt. Seine großzügige und liberale Idee eines privaten Anwesens, das denjenigen, die von seiner Schönheit lernen oder sich an ihr erfreuen wollten, offenstehen sollte, starb mit ihm. Einige Besitzungen, wie S'Estaca und Son Gallard, wurden verkauft und restauriert. Andere sind verlassen oder wie Son Moragues in ein Museum umgewandelt.

Einige der vom Erzherzog so geliebten Anwesen, wie z. B. Son Gallard und Son Ferrandell, weisen typische Merkmale mallorquinischer ländlicher Architektur auf. Die ländliche Schlichtheit und Harmonie, die ihn so ansprachen, sind nahezu intakt geblieben. Andere, wie Son Moragues, Son Marroig, Miramar und S'Estaca, spiegeln sein ästhetisches und persönliches Engagement für die Architektur und die landwirtschaftlichen Traditionen der Insel wider. Daraus ergibt sich, daß jedes für sich eine einzigartige Kombination von alt und modern ist.

Miramar

Wie der Name schon andeutet, ist Miramar nicht nur ein Gebäude, sondern auch ein Ort, der zur Betrachtung der Schönheit der umliegenden Landschaft einlädt. In „Die Balearen" schrieb der Erzherzog, daß Miramar aus mehr als einem Dutzend einzelner Anwesen, die auf der sogenannten ‚Serra de Tramontana' an der Nordwestküste der Insel lagen, bestand. Nachdem er sie gekauft hatte, zählten zu dem gesamten Besitz mehrere Landhäuser und eine herrliche, mittelalterliche Kirche, die teilweise aus dem 13. Jh. stammte. Zahlreiche Wege führen durch die Wälder zu den Aussichtspavillons, die der Erzherzog errichten ließ. Die felsigen, mit alten Olivenbäumen bepflanzten Klippen, auf denen zu allen Jahreszeiten auch viele Blumen und Sträucher wild wachsen, gehören zu den atemberaubendsten natürlichen Schönheiten Mallorcas.

George Sand gibt uns eine lebendige Beschreibung des Genius loci von Miramar. Während ihres Aufenthaltes im Kartäuserkloster bei Valldemossa entschloß sie sich eines Tages zu einem Ausflug mit Chopin und ihren beiden Kindern nach Miramar. Sie waren auf Abenteuer aus, wollten den Eremiten, der in Miramar lebte, sehen und den Blick auf das Meer genießen. Sand schreibt:

RECHTE SEITE: *Ca. 1884 wurde das alte Haus von Erzherzog Ludwig Salvator neu gestaltet.*

> Wir folgten dem rechten Zug der Bergkette und stiegen von Hügel zu Hügel einen steinigen Pfad hinauf, der uns auf wunden Füßen zur Nordküste hinführte. An jeder

SINE NUBE PLACET

OBEN: *In den Gärten von Miramar finden sich Teile des von Bögen geschmückten Hofs des Klosters von Santa Margarita in Palma, ein Geschenk von Don Miguel Pena, dem Archivar der Kathedrale, an den Erzherzog.*

LINKS: *Dekoration der Fassade von Miramar, die ca. 1884 erstellt wurde.*

> Wegbiegung hatten wir das großartige Schauspiel des Meeres, das wir von hoch oben über eine Strecke reicher Vegetation hinweg liegen sahen. Es war das erste Mal, daß ich ein fruchtbares Ufer mit Bäumen und anderem Grün bis an die erste Welle heran sah, ohne fahle Klippen, ohne schlammige Marsch und ohne langweiligen Strand... In Mallorca sah ich es endlich, wie ich es mir erträumt hatte: klar und blau wie der Himmel, sanft gewellt wie eine Ebene aus Saphiren, die sich von einem unsichtbaren Pflug beständig in Furchen gelegt, aus einer gewissen Höhe gesehen nicht merklich bewegt und von dunkelgrünen Forsten eingerahmt ist. Mit jedem Schritt, den wir auf dem gewundenen Bergpfad machten, bot sich uns ein erhebenderer Ausblick als der vorherige.

Ein Vergleich zwischen der Architektur Miramars und der von Sand beschriebenen erhabenen Landschaft ist enttäuschend. Sein Grundriß, der nahezu unverändert blieb, ist ver-

RECHTE SEITE: *Die Kapelle der Heiligen Dreifaltigkeit in Miramar.*

Eingangshalle in Son Marroig mit Bögen aus Marésstein.

glichen mit anderen Landsitzen der Insel sehr schlicht. Es ist ein kleines, schachtelartiges, zweistöckiges Gebäude. Wenn man von der Lage und dem Ausblick absieht, sind nur noch die herrlichen gemalten Ornamente an den Außenwänden von Interesse. Diese wurden nach den Entwürfen des Erzherzogs angefertigt und bestehen aus einer Reihe braun-weißer geometrischer Muster, die mit einer Schablone aufgemalt wurden. Der Schriftsteller Gaston Vuillier, der, während er an seinem Buch arbeitete, einige Zeit in Miramar lebte, schrieb, daß die Hauptattraktion des Hauses in seiner einzigartigen Lage und in der Tatsache, daß jedes Fenster einen phantastischen Ausblick ermögliche, begründet liege, und fügte hinzu, daß „sein Äußeres schlicht wirke, es aber in der Erinnerung imposant bliebe".

Miramar kann in der Tat auf eine eindrucksvolle Geschichte zurückblicken. Sie beginnt 1276, als Ramón Llully, der christliche Mystiker, Philosoph und Gelehrte, hier Mallorcas erstes Franziskanerkloster gründete. Mit Hilfe und unter der Schirmherrschaft von König Jaime II. schuf er auch die erste europäische Schule für orientalische Sprachen. Die Kapelle soll zumindest teilweise während dieser Zeit entstanden sein. Nachdem Llully Miramar verließ (er verbrachte viele Jahre missionierend in der ganzen Welt, besonders in Nordafrika), wurde es Sitz eines Zisterzienserklosters, um danach ganz verlassen zu werden. Nur die Kapelle, in der die Ortsansässigen sich über Jahrhunderte hinweg zum Gottesdienst versammelten, behielt ihre ursprüngliche Funktion noch etwas länger. Im Laufe der Zeit wurde Miramar immer mehr sich selbst überlassen, lediglich einige Eremiten nutzten es als friedlichen und abgeschiedenen Zufluchtsort. Eine der bedeutendsten Episoden, die nach Llullys Tod mit diesem Ort in Verbindung gebracht wird, ist 1480 die Errichtung einer Druckerpresse.

Später wechselte Miramar oft den Besitzer, konnte aber nie seine ursprüngliche Schönheit wiedererlangen. Unter den vielen Eremiten und religiösen Menschen, die einen Teil ihres Lebens in Abgeschiedenheit und Gebet in Miramar verbrachten, ist Antonio de Castañeda, ein ehemahliger Hauptmann der Truppen Karls V., der sich entschloß, Eremit zu werden, wohl der bemerkenswerteste. Er wird als der spirituelle Vater Catalina Thomás', der verehrten, mallorquinischen Heiligen, angesehen.

Der Erzherzog besuchte Miramar zum ersten Mal im Jahre 1872. In seinem Buch „Lo que sé de Miramar", das 1911 zum ersten Mal auf Mallorca veröffentlicht wurde, beschreibt er Miramars Geschichte sowie seine eigenen Erfahrungen an diesem Ort. Er berichtet, daß sein erster Besuch in Miramar eher zufällig an einem regnerischen Tag, an dem es wenig zu tun gab, stattfand. Anstatt im Haus zu bleiben, entschloß er sich, mit einem Freund einen Erkundungsgang zu machen. Obwohl die meisten Gebäude in Miramar Ruinen glichen, behauptete der Erzherzog, daß er das Anwesen vom ersten Moment an kaufen wollte. Von der alten Kirche war nur noch eine Seitenkapelle übriggeblieben. Von dem alten von Llully gegründeten Franziskanerkloster waren nur noch einige zerbrochene Säulen vorhanden. Der Wehrturm, der teilweise eingestürzt war, hatte seinen Ursprung im 13. Jh.

Der Erzherzog gestaltete das Haus, die Kirche, die Kapelle und sogar die Ländereien Miramars neu, wodurch der Ort neue Vitalität erlangte. Nachdem die Innenräume restauriert und vor der Kirche ein kleiner, halbrunder Kreuzgang angelegt worden waren, kamen an den Feiertagen die Menschen von der ganzen Insel hierher, um dem Gottesdienst beizuwohnen und die Predigt zu hören. Eines der Ziele des Erzherzogs war es, die alte Kapelle der Heiligen Dreifaltigkeit wieder herzurichten und sie wieder zu einem Ort des Gebetes werden zu lassen. In einem Brief, den er im März 1872 an seine Mutter schrieb, berichtet er, daß er Miramar gekauft habe, um „den Kult in der alten Kapelle der Heiligen Dreifaltigkeit wiederaufleben zu lassen. Jeden Tag kommen viele Menschen hierher und weihen der Heiligen Dreifaltigkeit irgendeine Gabe..." Jeden Sonntag kam ein Priester, um die Messe zu zelebrieren, die schon mehr als zwanzig Jahre, aufgrund des ruinenähnlichen Zustands der Kapelle, nicht mehr dort gelesen worden war. Ludwig Salvator ließ sogar einen Altar im

Freien errichten, so daß an bestimmten Feiertagen, wenn viele Menschen zusammenkamen, die Messe vor der Kapelle zelebriert werden konnte und „das Wort Gottes unter freiem Himmel gehört werden konnte, so wie in früheren Zeiten".

Beinahe ein Jahr nachdem der Erzherzog Miramar gekauft und mit den Restaurierungsarbeiten begonnen hatte, wurde die Kapelle am 30. Juni 1873 eingeweiht, und der *Diario de Palma*, die lokale Zeitung, beschreibt die Zeremonie mit Worten des Lobes und der Dankbarkeit für den Wohltäter. Nach der Messe wurden alle zu einem Bankett geladen, und am Abend wurde zum Tanz aufgespielt. Von diesem Tage an wurde diese Zeremonie, solange der Erzherzog lebte, jedes Jahr wiederholt und zu einem beliebten Ereignis auf der Insel. Der Erzherzog versuchte auch die ursprüngliche Schlichtheit Miramars als Ort spirituellen Rückzugs zu bewahren. Wie Gaston Vuillier richtig schreibt, „bietet Miramar nicht die künstlerische Großartigkeit königlicher Residenzen. Der einzige Luxus seiner Innenräume ist die Sammlung traditioneller ländlicher Geräte der Region."

Miramar war der Ausgangspunkt des Lebens des Erzherzogs auf Mallorca. Obwohl er weiterhin die schönsten Ländereien der Umgebung aufkaufte sowie eine Anzahl von Häusern und *posades* (Stadthäuser in nahe gelegenen Ortschaften), mahnte ihn Miramar sein Leben lang an seinen Traum, ein Stück dieses irdischen Paradieses einzufangen und es zur Freude und zum Verständnis zukünftiger Generationen zu bewahren.

Son Marroig

Von allen Anwesen, die der Erzherzog auf Mallorca besaß, ist Son Marroig dasjenige, in dem er sich am meisten zu Hause fühlte. Verglichen mit der spartanischen Schlichtheit von Miramar und den ungemütlichen Dimensionen von S'Estaca, wirkt Son Marroig besonders eindrucksvoll. Obwohl der Erzherzog es um 1870, bald nach seiner Ankunft auf Mallorca, kaufte, lebte er erst ab 1880 häufiger hier. In vielen seiner Schriften bezeichnet er Son Marroig als einen der schönsten Plätze der Welt, der die verborgensten Winkel seines Herzens bewegte. Es liegt ungefähr dreihundert Meter über dem Meer und ermöglicht einen der phantastischsten Ausblicke auf die See. Viele Türen und Fenster in Son Marroig geben den Blick auf eine spektakuläre Landschaft frei. Auf der einen Seite erstreckt sich das Kap von Sa Foradada, mit seinen für diesen Teil der Küste typischen roten Felsen, die ins Meer ragen.

Der Wehrturm aus dem 16. Jh. dieses *possessiós* ist Zeugnis für die Angst der Inselbewohner vor Piratenangriffen. Der Erzherzog selbst war von den vielen Legenden über die Piraten, die in dieser Region erzählt wurden, fasziniert. „In Son Marroig", schrieb er, „fand die letzte Entführung einer Frau auf Mallorca statt. Es handelte sich um eine adelige Dame, die der Familie Marroig de Sóller angehörte. Nach der Entführung hörte man nie mehr etwas von ihr. Es scheint, daß die Erinnerungen an diese Zeiten noch immer in den Wänden des Turmes eingemeißelt sind..." Die Furcht, die den Baustil dieses Gebäudes diktierte, wird noch durch die unbehauenen Steine und das Fehlen jeglichen Schmucks betont.

Nach der Restaurierung des Turmes und des *possessiós* ließ Ludwig Salvator die Gärten, die sich vom Haus sanft zum Meer hinunterziehen, anlegen. Zahlreiche Wege führen vom Haus zu verschiedenen Aussichtspunkten. An einem der spektakulärsten steht ein Pavillon im Stil eines klassischen Tempels, den der Erzherzog selbst entwarf und ausschließlich aus kostbarem Carrara-Marmor bauen ließ. Er sollte ein Tribut an die heidnische und mystische Landschaft Mallorcas sein.

Son Marroig war das Heim des persönlichen Sekretärs des Erzherzogs, Antoni Vives, und seiner großen Familie. Es gab viele Spekulationen über die Art der Beziehung zwischen Ludwig Salvator und seinem Sekretär, besonders nachdem sie dann beide unter einem Dach lebten. Die Gerüchte verstummten, nachdem Vives eine Aristokratin aus Venedig heiratete; er hatte mehrere Kinder, die alle nach dem Erzherzog benannt wurden, der selbst die Hochzeit arrangiert hatte. Nach seinem Tod fiel Son Marroig der Familie Vives zu und schließlich dem Maler Antoni Ribas, der eine der Töchter Vives heiratete. Ribas veranlaßte einige architektonische Ergänzungen und wandelte die Gärten teilweise um. Heute ist einer der Räume von Son Marroig in ein kleines Museum umgewandelt, in dem einige traditionelle mallorquinische Möbelstücke neben Ludwig Salvators schöner Keramiksammlung ausgestellt sind.

Panoramablick von Son Marroig, einem befestigten Haus aus dem Mittelalter, das von Erzherzog Ludwig Salvator Ende des 19. Jh.s umgestaltet wurde; er ließ auch die herrliche Loggia anbringen.

S’Estaca

In der Nähe von Miramar steht hoch über dem Meer, etwa auf halber Höhe eines windgepeitschten Felsens, von hohen Palmen und Pinien umgeben, S’Estaca, das wie eine Erscheinung aus einem exotischen Märchen anmutet. Sein ungewöhnliches Erscheinungsbild mit seinen Puppenstubendimensionen, weißgetünchten Wänden und arabischen Zinnen wurde, aufgrund der Verschmelzung verschiedener mediterraner Stile, oft als „sizilianisch“ bezeichnet. S’Estaca ist das einzige Anwesen, das Ludwig Salvator von Grund auf selbst entwarf und bauen ließ.

LINKE SEITE: *Die Terrasse von S’Estaca.*

Auch wenn es wie eine architektonische Laune wirken mag, bestand doch berechtigter Grund zu seinem Bau. Es sollte das zentrale Anwesen inmitten des Landes sein, das der Erzherzog von zahlreichen Eigentümern erwarb. Obwohl auf jedem Stück erworbenen Landes auch ein Haus stand, waren diese Gebäude doch alle in einem sehr schlechten Zustand, und keines hatte die Größe oder die Ausstrahlung, um als Hauptsitz für das ganze Anwesen zu dienen: „...diejenigen, die sich in einem besseren Zustand befanden“, schrieb der Erzherzog, „wurden repariert und als Ställe oder Unterkünfte für die Arbeiter, wenn es regnete, verwendet“.

Das 1878 erbaute S’Estaca war nicht als Wohnhaus konzipiert. Es war relativ klein und im Gegensatz zu den meisten mallorquinischen Häusern der Unbill der natürlichen Elemente ausgesetzt und von Ludwig Salvator als gelegentlicher Unterschlupf und Treffpunkt für die Bauern, die für ihn arbeiteten, gedacht. Der Besitz war einer der erfolgreichsten Versuche des Erzherzogs, das Land zu kultivieren und seinen eigenen Wein anzubauen. In seiner schriftlichen Hommage an seine ehemalige Geliebte Catalina Homar, die einen Teil ihres Lebens auf S’Estaca, wo sie auch starb, verbrachte, beschreibt Ludwig Salvator die landwirtschaftlichen Aktivitäten des Anwesens mit Stolz und Begeisterung. Catalina Homar beaufsichtigte im Namen des Erzherzogs die Arbeiter in den Weinbergen und „verdoppelte ihre Bemühungen“ während der Sommermonate vor der Weinlese, damit die Weine auf den Messen in Chicago und Paris Preise gewannen. Ludwig Salvator beschreibt die ziem-

Das Schwimmbad von S’Estaca mit dem kleinen Badehaus, das im Stil des Haupthauses gestaltet ist.

Gedächtnistafel im Eingang von S'Estaca, die Erzherzog Ludwig Salvator seiner Geliebten Catalina Homar widmete, die viele Jahre bis zu ihrem Tod 1905 in diesem Haus lebte.

lich mühsame Weingewinnung und die Notwendigkeit, neue Fässer für die steigende Produktion anzuschaffen. Viele Jahre lang wurden in S'Estaca zum Abschluß der Erntezeit große Feste abgehalten.

Bei S'Estaca brachten jedoch, sehr zum Ärger des Erzherzogs, auch Schmuggler ihre Ware auf die Insel. Das Bild, das Bartomeu Ferrá von S'Estaca während der Abwesenheit des Erzherzogs zeichnet, ist das eines Ortes, an dem Polizei und Schmuggler, Arbeiter und Fischer und viele andere sich „in recht lustiger Gesellschaft um die Fässer des tückischen Muskatweins, der die Zungen verwirrt und die Beine lähmt, versammelten. Sie spielten auf ihren Gitarren und gossen den Wein aus…" Sobald der Erzherzog jedoch zugegen war, „herrschten hier vollkommene Stille und Frieden".

Obwohl S'Estaca kürzlich verkauft und restauriert wurde und neue Gebäude in der Nähe hinzukamen, ist das ursprüngliche Gebäude fast unverändert erhalten geblieben. In den Innenräumen weist noch vieles auf die einstige landwirtschaftliche Bestimmung des Anwesens hin. Das Erdgeschoß wird fast ausschließlich zur Lagerung der alten Fässer, in denen der Muskatwein aufbewahrt wurde, genutzt. Die Steintreppe in der Mitte führt zu den Räumen im ersten Stock, die auf beiden Seiten des Hauses einen atemberaubenden Blick freigeben. In einem der Räume war die Unterbringung einer Kapelle geplant; alle Zimmer sind einfach gestaltet und bar jeden Schmuckes, was wiederum den praktischen Charakter des Gebäudes unterstreicht.

In einem der Zimmer weist eine Tafel auf die Romanze hin, die die Geschichte von S'Estaca prägte: „In unvergeßlichem Andenken an Catalina Homar, die so viele Jahre lang die Seele dieses Hauses war, in dem sie am 11. April 1905 starb". Die Inschrift wurde von Ludwig Salvator signiert. Die Liebesaffäre zwischen dem Erzherzog und dem jungen Bauernmädchen von Valldemossa hat immer schon die Phantasie seiner Biographen und all derer, die von der Beziehung wußten, angeregt. Sogar Bartomeu Ferrá, der ergebene Biograph des Erzherzogs, konnte nicht verstehen, wie so ein kultivierter und gebildeter Mann Interesse „an diesem nicht besonders hübschen Bauernmädchen ohne Bildung" finden konnte. Der 1905 in Prag veröffentlichte Band, den Ludwig Salvator in Gedenken an seine verstorbene Geliebte verfaßte, ist der einzige, in dem er mit seinem vollständigen Namen und Titel zeichnete, beinahe als wollte er die kontroverse Beziehung unterstreichen, die ihn an diese Frau einfacher Herkunft band.

Im Prolog sagt er, daß er mit der Kraft der Worte von der Güte, Geborgenheit und Liebe, die er jahrelang von dieser Frau erhielt, berichten möchte. Das Leben von Menschen, die wie sie großzügig geben, um andere glücklich zu machen, ist „wie eine duftende und einzigartige Blume, die gepflanzt wird, wächst und sich öffnet, um ihre Umgebung mit ihrem himmlischem Parfüm zu erfüllen…". Sie war „ein Vorbild an Tugend, Liebenswürdigkeit und Treue". Er beschreibt hier auch die Episode, bei der Kaiserin Elisabeth von Österreich, bekannt als „Sissy", einmal nach S'Estaca kam und Catalina traf. Ihre schlanke Figur überraschte Catalina; es war nicht ihre hohe Position, sondern ihr süßes Lächeln, das alle, die die Kaiserin kennenlernten, beeindruckte. Die zwei Frauen sprachen miteinander, als ob sie sich schon immer gekannt hätten, und das lag daran, daß beide gleich mitfühlend waren. Die Sonne stand im Zenit, und das Meer leuchtete golden und umgab die beiden mit ihrem Schein. Es war wie eine Verklärung.

Die übertriebene Prosa dieser Passage, die die Begegnung beinahe als etwas Mystisches darstellt, wurde, als das Buch erschien, verständlicherweise am Hof nicht besonders gut aufgenommen. Der Erzherzog mußte es zurückziehen. Nach Catalinas Tod beauftragte er 1913 den italienischen Künstler Giulio Monteverde mit einer Marmorstatue, die die religiösen und demütigen Gefühle, die er für Catalina empfand, ausdrücken sollte. Die Statue stellte eine betende kniende Frau am Fuße einer Jesusfigur dar, die sich heute im Garten von Son Moragues befindet.

RECHTE SEITE: *Eingang zum alten Teil von S'Estaca mit der Treppe, die zum Weinkeller führt.*

A LA INOLVIDABLE
MEMORIA
DE
CATALINA HOMAR
QUE POR TANTOS AÑOS FUÉ
EL ALMA DE ESTA CASA
EN LA CUAL
EL 11 ABRIL 1905
PASABA A MEJOR VIDA
LUIS SALVADOR
PUSE
ROGANDO A LOS QUE VIENEN
QUE RECEN POR ELLA

OBEN: *Teilansicht des Tors von S'Estaca.*

OBEN RECHTS: *Eingangstor zu S'Estaca.*

RECHTS: *Der Hauptwohnraum von S'Estaca.*

RECHTE SEITE: *Teilansicht des Hofs von Son Moragues.*

SEITE 194/195: *Son Moragues, eines der größten possesions auf Mallorca, wurde Mitte des 17. Jh.s umgestaltet. Die Moragues, eine alte aristokratische Familie der Insel, waren seit dem 15. Jh. Besitzer des Anwesens und verkauften es 1883 an Erzherzog Ludwig Salvator.*

Teilansicht des Wohnzimmers von Son Moragues.

OBEN RECHTS: *Hof von Son Moragues, der aus dem 17. Jh. stammt.*

UNTEN: *Skulptur im Garten von Son Moragues von Giulio Monteverde (1913), die Erzherzog Ludwig Salvator in Gedenken an Catalina Homar, seine Geliebte, die 1905 starb, in Auftrag gab. Es ist eine Darstellung des Herz Jesu und Catalinas.*

Son Moragues

Son Moragues war der größte Besitz des Erzherzogs auf Mallorca. Das Gefühl für Weite wird in der monumentalen Architektur dieses befestigten *possessiós*, das, auf einem Hügel liegend, die Landschaft beherrscht und von allen Seiten von dichten Wäldern umgeben ist, widergespiegelt. Die Anlage von Son Moragues, das 1797 erbaut wurde, ist der vieler mallorquinischer Landsitze ähnlich: ein großes, kubisches Gebäude mit einem rechteckigen Patio in der Mitte. In „Die Balearen" wird es folgendermaßen beschrieben: „Die Straße, die nach Son Moragues führt, endet in einem großen Hof vor dem Anwesen, das auf einen riesigen Garten blickt. Das Haus ist geräumig und ist quadratisch um den zentralen Patio herum angelegt." Die Fassade ist besonders schlicht: ein bogenförmiger Eingang und sieben symmetrische Fenster. Das einzige aristokratische Element ist das steinerne Familienwappen über dem Eingang. Die Südseite des *possessiós*, von der eine zweigeteilte Treppe in den ersten Stock führt, blickt auf einen verwilderten, von hohen Mauern umgebenen Garten. Im Gegensatz zu Son Marroig, wo die Mauern aus unbehauenen Steinen errichtet wurden, wurden sie hier verputzt und einfache Verzierungen mit der Technik *pedra brodada* erzielt, d. h. kleine Steinstücke wurden in die verputzten Wände eingelegt.

Zu den vielen Projekten des Erzherzogs, die landwirtschaftlichen und ländlichen Traditionen der Insel zu bewahren, zählte auch der nicht verwirklichte Plan, ein Museum für Landwirtschaft in Son Moragues zu errichten. Im Licht des internationalen Erfolges der Weine von S'Estaca und des Olivenöls von Son Moragues wollte er in Mallorca einen Ort schaffen, an dem die Bewohner der Insel ihre Produkte zur Schau stellen konnten. Auch wenn die Idee nicht realisiert wurde, ermutigte ihn dieses Projekt dazu, einen botanischen Garten anzupflanzen, in dem man alle wild wachsenden Pflanzen Mallorcas antrifft. Im Garten finden sich einige Ausblickpavillons und Statuen, darunter auch die Darstellung der betenden Catalina Homar. Die Innenräume von Son Moragues, die heute in ein Museum umgewandelt worden sind, sind mit Gegenständen, Möbeln und Bildern aus dem Besitz des Erzherzogs ausgestattet. Neben dem massiven, holzverzierten Kamin im Barockstil, der von einem imposanten, kaiserlichen Adler gekrönt wird, hängen einige Photographien von ihm und anderen Mitgliedern seiner Familie.

Teilansicht des von Erzherzog Ludwig Salvator gestalteten Wohnraumes von Son Moragues mit Originalphotographien des Erzherzogs sowie zwei Photos von Kaiserin Sissy und Kaiser Franz Joseph.

· 5 ·
Reisende auf Mallorca

Die Suche nach dem Pittoresken

Obwohl nicht mehr Teil eines der mächtigsten Kaiserreiche der Welt, war das Mallorca des 18. Jh.s bei einer neuen und ganz anderen Art von Reisenden, den Touristen, sehr beliebt. Schon früh im Jahrhundert waren Reisen als lehrreiche Erfahrung oder einfach zum Vergnügen ein ständig beliebter werdendes Phänomen. Touristen aus Deutschland, Frankreich und England bereisten auf ihren großen Touren Südeuropa, vor allem Italien, und waren auf der ständigen Suche nach pittoresken Landschaften und alten Ruinen. Obwohl Mallorca zu diesem Zeitpunkt noch schwer erreichbar war und nicht einmal für kleine Reisegruppen ausgestattet war, wurde es dennoch nach und nach als ein mögliches, interessantes Ziel angesehen. Seine Städte und Architektur, Folklore und erhabene Landschaft machten Mallorca zur idealen Attraktion für romantische Reisende.

Einer der Pioniere war Colin Campbell, der die Insel 1716 besuchte. Campbell schrieb wohl den ersten Führer der Insel, angefüllt mit lyrischen Beschreibungen der Städte und Landschaften. Sein Buch vermittelt den Eindruck, daß er ein irdisches Paradies entdeckt habe. Mallorca sei ein riesiger Garten, in dem die vielen Brunnen, Haine und Obstbäume dem Ort etwas äußerst Angenehmes verliehen.

Dies war natürlich nur der Anfang. Viele andere Reisende, besonders aus Frankreich und England, besuchten die Insel im 18. Jh. Zu den interessantesten dieser frühen Besucher zählt A. G. de Saint-Sauveur, französischer Botschafter auf den Balearen von 1801 bis 1806. Sein Buch „Voyage dans les îles Baléares et Pithiuses", 1807 erstmals veröffentlicht, ist ein faszinierender Beitrag über die soziale und wirtschaftliche Situation der Insel zu jener Zeit. Er war besonders von den primitiven Bedingungen, unter denen die mallorquinischen Bauern lebten, beeindruckt. „Der mallorquinische Bauer", schrieb er, „ist ungebildet und weiß nur sehr wenig über die Fortschritte der Landwirtschaft anderswo". Er bemerkte auch, daß mallorquinische Häuser im allgemeinen sehr einfach waren und jeglichen modernen Komforts entbehrten. Sogar Feuerstellen waren ungewöhnlich, und die wenigen, die man finden konnte, hatten Franzosen eingeführt. Gerade diese Rückständigkeit hinterläßt den Eindruck einer unberührten, natürlichen Schönheit.

LINKE SEITE: *Garten vor einer der Zellen in La Cartuja, Valldemossa.*

Ein Wachturm auf dem Puig de sa Moneda, der von Erzherzog Ludwig Salvator erbaut wurde und die Kopie eines Minaretts der Moschee von Kairoran in Tunesien ist.

Ein anderer Franzose, der von Mallorca sehr beeindruckt war, war der französische Künstler J. B. Laurens, der seine Reise in dem berühmten, 1840 veröffentlichten Buch „Souvenirs d'un voyage d'art à l'île de Majorque" beschreibt. George Sand, die es nach ihrem eigenen Besuch 1838 las, schrieb, daß Laurens' literarischer Bericht „eine Reise zum Herzen des Mittelmeers" sei. Bis zum heutigen Tag gilt er als fundierter Führer zu den architektonischen und natürlichen Schätzen der Insel, der zweifellos auch das Interesse vieler Reiselustiger in ganz Europa weckte.

Ende des 19. Jh.s wurde Mallorca von Charles Wood in den „Letters from Majorca" (1888) als Land, „in dem Milch und Honig fließt", beschrieben. Von da an hat die Insel in den Herzen vieler Menschen als Perle des Mittelmeeres oder als Insel der Ruhe einen hohen Stellenwert erlangt.

Frédéric Chopin und George Sand

Baronin Aurore Dudevant, alias die französische Schriftstellerin George Sand, und der Komponist Frédéric Chopin verbrachten den Winter 1838 bis 1839 auf Mallorca. Die zahlreichen Briefe an Freunde und Verwandte, die sie während ihres Aufenthaltes schrieben, sowie George Sands bitterer Bericht in „Un hiver à Majorque" vermitteln uns einen faszinierenden und persönlichen, wenn auch manchmal leicht hysterischen Eindruck über das Leben und die Sitten auf der Insel, wie es diese beiden außergewöhnlichen Menschen empfunden haben.

Die beiden hatten sich einige Jahre zuvor in Paris kennengelernt. George Sand, damals verheiratet mit einem französischen Adligen und mit 32 Jahren bereits Autorin erfolgreicher Romane wie „Lélia", „Indiana" und „Jacques", war die berühmteste Frau Frankreichs. Ihre unkonventionellen politischen Ideale, basierend auf der Idee Rousseaus von absoluter Freiheit, und ihr absichtlich unmoralischer Lebensstil (sie ging eine Liebesbeziehung nach der anderen ein) brachten ihr den Titel einer „ungekrönten Königin der Romantik", wie sie Robert Graves schmeichelnd nannte, ein. Frédéric Chopin hatte im Alter von 26 Jahren bereits einige seiner größten Werke komponiert und eroberte mit seinem Charme, seinem guten, leicht dandyhaften Aussehen und seiner aristokratischen Herkunft die Pariser Salons. Trotz der eher lauen ersten Begegnung, die Chopin in einem vielzitierten Brief an seine Familie erwähnt – „und doch fand ich ihr Antlitz gar nicht anziehend. Es umgibt sie etwas, das mich zurückschrecken läßt..." –, war ihre Liebesgeschichte wohl eine der berühmtesten des Jahrhunderts, die auch in Mallorcas Geschichte Spuren hinterließ.

Ihr Wunsch, Paris und dem Klatsch, der ihre skandalöse Beziehung umgab, zu entkommen, wurde von der Sehnsucht nach einem romantischen Abenteuer verstärkt. Robert Graves schreibt um 1950 in dem Essay „George Sand auf Mallorca", daß ihre Reise ein persönlicher Konflikt zwischen der vorrevolutionären klassischen Welt und der Welt des postrevolutionären Romantizismus gewesen sei. In dieser Zeit wandten sich führende Literaten, meistens soziale Außenseiter, von den formalen Gärten und künstlichen Salons des 18. Jh.s ab, um sich der wilden Natur, besonders den abgelegenen Bergregionen hinzuwenden; man distanzierte sich vom gespenstischen, mittelalterlichen Terror und wandte sich dem einfachen, undogmatischen Christentum zu.

Einfacher ausgedrückt, suchte Sand einen Ort, an dem keine Karten zu schreiben, keine Zeitungen zu lesen und keine Besuche zu empfangen waren und „an dem ich ständig mein Hauskleid tragen könnte, wo der Tag zwölf Stunden hätte, wo ich aller gesellschaftlichen Pflichten ledig wäre; wo ich mich freimachen könnte von der geistigen Unrast, die uns Franzosen so plagt". Daher schien Mallorca eine sonnige und

abenteuerliche Alternative gegenüber den üblichen Reisezielen jener Jahre zu sein. Um 1840 war Italien nicht mehr *de rigueur*. In „Un hiver à Majorque" schrieb Sand, daß das lebhafte Bild, das sie sich bereits durch Gemälde, Bücher und zahlreiche Berichte von Italien gemacht hatte, sie, wenn sie dann in Italien war, davon abhielt, seine „pastorale Schönheit" und seinen „lächelnden Charme" ganz und gar zu schätzen. Mallorca dagegen war noch immer unberührt von Interpretationen : „Die Menschen, die Häuser, die Pflanzen, die Kiesel auf der Straße wiesen keinen Vergleich mit anderen Orten auf." Diese Einzigartigkeit wurde von einer faszinierenden, historischen Schönheit unterstrichen. „Hier ist alles pittoresk, vom Hut des Bauern, der den alten arabischen Stil bis ins letzte Detail beibehalten hat, bis zum in Lumpen gehüllten Kind..." Sogar Chopin war von der Schönheit der Insel beeindruckt. Nachdem er sich erst etwas über die praktischen Schwierigkeiten, denen sie auf der Insel begegnet waren, beschwert hatte, schreibt er in einem Brief an einen Freund: „Aber das ist lediglich ein Sandkorn verglichen mit dem Himmel, dem poetischen Charme, der von allem ausgeht, und den lebhaften Farben dieser Landschaft. Sie ist eine der schönsten auf der Welt."

Sie hatten nicht mit so großen Schwierigkeiten gerechnet. Eine bequeme Unterkunft war praktisch nicht zu finden, und die wenigen, die zur Verfügung standen, hatten zum Entsetzen von Chopin und Sand weder Türen und Schlösser noch verglaste Fenster. Es gab keine Hotels. Sand findet dann eine sarkastische Erklärung, warum es für sie so schwierig war, eine Unterkunft zu finden: „Palma ist für eine bestimmte Anzahl von Bewohnern konzipiert; wenn die Bevölkerung wächst, drängen sie sich einfach ein bißchen dichter zusammen."

RECHTE SEITE: *Gegenüber von Son Marroig befindet sich Sa Foradada, einer der malerischsten Orte Mallorcas, wo Erzherzog Ludwig Salvator mit seiner Yacht „Nixe" oft vor Anker lag.*

RECHTE SEITE: *Panoramaansicht der Loggia von Son Marroig, Deiá.*

SEITE 204/205: *Bibliothek aus dem 18. Jh. in der Zelle des Priors des Kartäuserklosters.*

All dies trug dazu bei, daß Chopin sich nur schwer an ihre spartanische Umgebung, an das Essen auf der Insel und an die wiederholten Krankheitsschübe, die die ganze Reise, wie Sand schreibt, „zu einem schrecklichen Fiasko" werden ließen, gewöhnen konnte. Schließlich fand das Paar in Son Vent eine Unterkunft für sich und die Kinder Sands; ein Landhaus in der Nähe von Establiments, das zumindest „eine gute Raumaufteilung aufwies und in reizender Lage zu Füßen von Bergen mit sanften, fruchtbaren Hängen lag". Das Paradies endete unglücklicherweise, als es zu regnen begann. Chopin, der schon einige Zeit an Schwindsucht litt, brach zusammen und begann Blut zu spucken. Es gibt einen bewegenden Brief, den Chopin von Son Vent an einen Freund über diese Qual schrieb:

> Seit drei Wochen bin ich nun krank wie ein Hund, trotz der 18 ° C, trotz der Rosen, Orangenbäume, Palmen und blühenden Feigenbäume. Ich habe eine schwere Erkältung. Die drei besten Ärzte der Insel haben mich untersucht. Einer warf einen Blick auf meinen Auswurf, der zweite hörte die Organe des Auswurfs ab, der dritte hörte mir beim erneuten Auswurf zu. Der erste sagte, ich würde sterben, der zweite, daß ich im Sterben liege, der dritte, daß ich bereits tot sei...

Zu jener Zeit war die Schwindsucht noch immer eine tödliche Krankheit, und die Mallorquiner hatten verständlicherweise große Angst davor. Der Besitzer von Son Vent kündigte seinen Mietern und verbrannte alles Leinen und einige der Möbel. Er verlangte auch, daß sie für den ihm entstandenen Schaden aufkamen.

Die restliche Zeit ihres Aufenthaltes verbrachte die Gruppe in drei Räumen, die sie in einem alten Kartäuserkloster mit Blick auf das Dorf Valldemossa im gebirgigen Norden der Insel mietete. Die Lage des Klosters erschien Sand und Chopin von einer Atmosphäre „romantischen Glanzes" umgeben zu sein. Hier war es wahrhaft pittoresk: ein verfallendes und halb verlassenes Kloster über einer erhabenen Berglandschaft. In einem Brief beschrieb Chopin einem Freund die Kartause folgendermaßen:

> Kannst Du Dir vorstellen, daß ich hier zwischen dem Meer und den Bergen in einer riesigen, verlassenen Kartause bin, in einer Zelle mit Türen so breit wie die einer Pariser Remise? Ich bin ohne weiße Handschuhe, ohne gelocktes Haar, aber so blaß wie immer. Meine Zelle erinnert an eine gewaltige Höhle, die Gewölbe sind staubbedeckt, die kleinen Fenster blicken auf Orangenbäume, Palmen und Zypressen. Unterhalb des Fensters in einem maurischen Alkoven steht mein Bett. Die Arbeiten von Bach, meine Manuskripte, Noten und verschiedene Papiere bilden meinen ganzen persönlichen Besitz. Eine absolute Ruhe... Man könnte noch so laut schreien, niemand würde einen hören. Kurz gesagt, ich schreibe Dir von einem sehr eigenartigen Ort...

George Sands Bericht über die Mallorquiner ist durch die schwierige Beziehung mit den Einwohnern, die sie als unmoralisch ansahen, bitter gefärbt:

> Wir hätten mit den braven Leuten in gutem Einvernehmen leben können, wenn wir in die Kirche gegangen wären. Das hätte sie zwar nicht daran gehindert, uns bei jeder Gelegenheit übers Ohr zu hauen, aber wir hätten zumindest nicht riskiert, im Vorbeigehen aus einem Gebüsch einen Stein an den Kopf zu bekommen. Es wäre klug von uns gewesen, wenn wir uns in der Kirche gezeigt hätten, aber es kam uns anfangs gar nicht in den Sinn. Wir hatten fast bis zum Schluß keine Ahnung, wie sehr sie über unserere Lebensweise schockiert waren.

Pouget Catech T. 1
Pouget Catechis To. 2
Pouget Catechis To. 3
Pouget Catechis To. 4
Pouget Catechis To. 5
Pouget Catechis To. 6
Pouget Catechism To. 7
Pouget Cathesis To. 8
Clavii Euclidis Elementorum
Salzedo Cura Ecclesiast
MARTINEZ Libreria DE Jueces 1
Libreria de Jueces 3
Cicero en Romans
La Voz del Pastor

CROQUET Catecheses Christianae
XIMENEZ
Manual de Meditaciones
ADELE ET THEODORE

OBEN: *Ein typischer Landsitz in Deiá.*

Kleiner Springbrunnen im Garten vor Chopins Zelle im Kartäuserkloster.

Während der wenigen Monate ihres Aufenthaltes arbeiteten die Schriftstellerin und der Komponist beide hart. Sand verbrachte die Tage mit dem Unterricht ihrer Kinder und mit dem Schreiben. Die morbide Atmosphäre des Klosters hat sie anscheinend zum Schreiben von „Spiridion" inspiriert. Chopin konzentrierte sich auf das Klavierspielen und komponierte einige seiner schönsten Präludien und Mazurkas. Viele Jahre später schrieb Liszt, dem sich Chopin anvertraut hatte, daß

> all die weitverstreuten Strahlen des Glücks in dieser Phase seines Lebens konzentriert waren... Diese herrlichen Tage auf der Insel Mallorca glichen einer verzaubernden Ekstase, die das Schicksal auch seinen bevorzugten Kindern nur einmal im Leben gewährt; sie blieben Chopin immer in herzlicher Erinnerung. Er sprach von dieser Zeit immer mit großer Emotion und profunder Dankbarkeit, als ob die Freuden dieses Aufenthalts für ein Leben ausgereicht hätten und es keine Hoffnung gäbe, jemals wieder ein solches Glück zu finden, in dem die Vergänglichkeit der Zeit nur von der Zärtlichkeit des Lebens einer Frau und den brillanten Blitzen des wahren Genius berührt wurde.

Hof („clastra") in Son Ferrandell aus dem 17. Jh.

LINKE SEITE: *Seiteneingang zum Hof von Sant Martí mit gotischen Merkmalen.*

Treppe im Hof von Son Moragues.

RECHTE SEITE: *Teilansicht des Tempels von Son Marroig.*

Heute ist die Kartause den Besuchern zugänglich. Schön ist ein Spaziergang durch die verwilderten Gärten des Klosters, bei dem man die Größe des verlassenen Ortes bestaunen kann. In der alten Apotheke sind die bemalten Gefäße und die Sammlung medizinischer Kräuter interessante Beispiele für die Kunst und das Handwerk des 18. Jh.s. Die Räume, die Chopin und Sand in ihrem Winter auf Mallorca bewohnten, sind für die Öffentlichkeit ebenfalls geöffnet. Hier findet sich eine sehenswerte, wenn auch manchmal dubiose Sammlung von Objekten, einschließlich einiger beschädigter Klaviere, die Sand und Chopin gehört haben sollen.

Im 20. Jahrhundert

Wie wir bereits erfahren haben, hat die Ankunft Erzherzogs Ludwig Salvator von Österreich 1867 auf Mallorca ein neues und wichtiges Kapitel im Leben der Insel eröffnet. In vielerlei Hinsicht brachte er das moderne Leben nach Mallorca, und aufgrund seiner auf der Insel gewährten Gastfreundschaft und der vielen veröffentlichten Arbeiten über Mallorca stiegen die Besucherzahlen ständig. Die Mallorquiner begannen nur langsam, Hotels, Pensionen und Restaurants zu bauen und aus dem Tourismus ein Geschäft zu machen.

Zu Beginn des 20. Jh.s galt es als chic, auf Mallorca zu leben oder einfach einige Zeit dort zu verbringen. Die Insel war billig, sonnig und wunderschön. Joan Miró kam zwischen 1915 und 1919 als junger Mann häufig hierher, um Landschaften zu malen, und kehrte sein Leben lang immer wieder für lange Perioden zurück. Gertrude Stein verbrachte hier mit ihrer Geliebten Alice B. Toklas 1914 einige glückliche Monate. Der in London geborene Dichter Robert Graves ist wohl der Schriftsteller, der am Anfang des Jahrhunderts am meisten von Mallorca beeinflußt wurde; er verbrachte dann den größten Teil seines Lebens auf der Insel. Seine Bücher überzeugten viele von der mystischen Schönheit der Insel und ließen das Mallorca des 20. Jh.s lebendig werden.

Deckengemälde im Konzertraum des Palacio del Rey Sancho.

LINKE SEITE: *Kassettendecke in der gotischen Galerie der Almudaina.*

Teilansicht der Loggia von La Granja, die ca. 1716 entstand.

Teilansicht eines Schlafzimmers des Palacio del Rey Sancho.

Galerie des Palacio del Rey Sancho.

Graves liebte und bewunderte die Mallorquiner; trotz der vielen, dramatischen politischen Ereignisse, die die Nation erschütterten, veränderten sich die Inselbewohner nie. In seinem Essay „Why I live in Majorca“, den er 1953 verfaßte, zeichnet er ein sehr liebevolles und wohlmeinend ironisches Portrait dieser Menschen:

> Sie waren immer freiheitsliebend, obwohl standhaft konservativ; äußerst moralisch, obwohl skeptisch gegenüber der kirchlichen Doktrin; mit einer verwurzelten Abneigung gegen physische Gewalt, Betrunkenheit oder jeglichen Affront gegen die guten Sitten.

Gertrude Stein war 1929 die erste, die Mallorca als idealen Ort für Graves zum Arbeiten und zum Leben mit seiner amerikanischen Geliebten Laura Riding ansah. Steins Versicherung, daß „die Mallorquiner ein fröhliches, sauberes und freundliches Volk waren, kulturell südfranzösisch und landwirtschaftlich noch immer im 18. Jh.“, schien überzeugend zu sein. Sie hat offensichtlich noch hinzugefügt, daß die Mallorquiner freundlich und ehrlich seien und daß die Insel ein „Paradies sei, wenn man es aushalten kann“.

Graves, der damals Mitte Dreißig war und den Erfolg seines Romans über den Ersten Weltkrieg, „Goodbye to All That“, feierte, hatte gerade Frau und Kinder verlassen und sehnte sich danach, England so bald wie möglich den Rücken zu kehren. Er suchte einen Ort, an dem „eine Stadt noch immer eine Stadt und das Land das Land war; und wo Pferd und Pflug noch kein Anachronismus waren.“ Mallorca gefiel ihm; Spanien hatte ihn schon immer angezogen, und da er Latein beherrschte, war Spanisch für ihn leicht zu erlernen. Dazu kam, wie seine Biographin Miranda Seymour schreibt, daß er feststellte, daß die Balearen in der Antike als Insel der Pinien galten und daß das Wort seinen Ursprung in der Fertigkeit der Einwohner mit der Steinschleuder hatte. Die Vorstellung „einer Insel von Steinschleuderen“ gefiel ihm ebenso wie die Aussicht auf ein Leben unter Menschen, die von den Mauren und Karthagern abstammten.

Und dann war er hier auch nicht gänzlich von der übrigen Welt abgeschnitten. Um 1930 füllte sich Mallorca bereits mit Touristen: Englische und amerikanische Familien lebten überall auf der Insel in Stadt- oder Landhäusern, und Palma entwickelte sich zu einer blühenden deutschen Kolonie. Graves und Riding ließen sich dann in dem nicht weit vom Dorf Deiá entfernten Haus Casa Salerosa, das einen herrlichen Meeresblick hatte, nieder. Später schrieb er, daß er in Deiá alles fand, was ein Autor brauchte: „Sonne, Meer, Berge, Quellwasser, schattige Bäume, keine Politik und einige zivilisierte Annehmlichkeiten wie elektrisches Licht und eine Busverbindung nach Palma…“ Graves war auch von der seiner Ansicht nach magischen, mystischen Landschaft fasziniert. Er war von dem gleißenden Mondlicht, das im Teixgebirge so hell wie Tageslicht schien, begeistert. Das Wort Deiá selbst stammte aus dem Griechischen und bedeutete „Gottheit“ und mutete ihn wie ein primitiver Ort der Anbetung an.

Graves lebte von 1930 bis zum Ausbruch des spanischen Bürgerkrieges in Deiá. Danach verbrachte er Jahre damit, in Europa „niedergeschlagen herumzuwandern“, und träumte ständig von Mallorca. „Ich sehnte mich auch nach den Früchten in meinem Garten“, schrieb er viele Jahre später, „nach dem Geruch eines Feuers aus Olivenzweigen, dem Geplauder von Kartenspielern im Dorfcafé, dem schimmernden grünen Wasser der Bucht, den in der Sonne glitzernden Felsen des Teixgebirges, meinem ruhigen, weißgetünchten Studio, dem nächtlichen Läuten der Schafsglocken, den Eulen, Nachtigallen und Fröschen und der entfernten Brandung…“

RECHTE SEITE: *Einer der Eingänge Miramars mit seiner ungewöhnlichen Verzierung.*

Als Graves nach dem Krieg nach Deiá zurückkehrte, hatte er eine neue Frau, Beryl, und kleine Kinder. Viele Jahre waren vergangen, aber zu seiner großen Freude war sein mallorquinisches Paradies unverändert geblieben. Seine Beschreibung vom

Leben in den späten 40er und frühen 50er Jahren auf der Insel gibt uns das Gefühl, daß Mallorca noch immer sehr ländlich und einfach war und ein Laib Brot soviel wie eine Flasche Champagner kosten konnte und sich der Tourismus noch immer auf eine kleine Gruppe von Abenteurern beschränkte. Auch wenn die Touristen ab den frühen 50er Jahren immer zahlreicher wurden, wurde die Insel dadurch nicht verdorben. Graves führt dies hauptsächlich auf die Tatsache zurück, daß die meisten Straßen unbequem waren, so daß große Gruppen unmöglich mit dem Bus oder Auto reisen konnten.

Graves wohnte bis zum Ende seines Lebens mit seiner Frau auf der Insel. Obwohl er immer wieder nach England zurückkehrte, „damit die Kinder nicht vergaßen, daß sie Engländer waren“, um Bücher zu kaufen, die es auf Mallorca nicht gab, und um Freunde und Verwandte zu besuchen, war Graves' wahre Heimat, die Heimat seines Herzens, Mallorca. Jeder Besuch in England, schrieb er einmal, bestärkte ihn immer mehr, daß es gut war, Gertrude Steins Rat befolgt zu haben.

Graves starb im Dezember 1985 im Alter von 90 Jahren. Zum Schluß konnte er weder Orte noch Menschen erkennen. Sein geliebtes Haus – Canellun oder Ca N'Alluny – steht noch immer und kann besichtigt werden. Er ist unter einer einfachen Steinplatte in einem unberührten Winkel des Kirchfriedhofes mit Blick auf Deiá bestattet. Er hatte die Veränderung Mallorcas von einem ländlichen Idyll, dessen Landwirtschaft noch im 18. Jh. verhaftet war, zu einer modernen, kosmopolitischen Insel erlebt und darüber berichtet.

LINKE SEITE: *Teilansicht des Tempels von Son Marroig.*

Bibliographie

Byne, Arthur and Stapley, Mildred, „Casas y Jardines de Mallorca“, Barcelona, 1928

Chopin, Frédéric, „Briefe an Julien Fontana“, 1838

Ferrá, Bartomeu Juan, „El Archiduque Errante“, ed. Font, Miquel, Palma de Mallorca, 1994

Graves, Robert, „Why l live in Majorca“, 1953

---- „George Sand in Majorca“

---- „Majorca Observed“, Cassell, London, 1965

Habsburg-Lotheringen, Ludwig Salvator von „Die Balearen in Wort und Bild geschildert“, Leipzig, 1869-91

---- „Catalina Homar“, Prag, 1905

---- „La Ciudad de Palma“, Palma de Mallorca, 1984

---- „Lo que sé de Miramar“, Mallorca, 1911

Laurens, J.B., „Souvenirs d'un voyage d'art à l'île de Majorque“, 1840; Nachdruck Palma, 1971

„Les Possessions Mallorquines de L' Arxidue“, Edicions Cort, Palma de Mallorca, 1994

„Letters de Chopin et de George Sand“, Antigua Imprenta Soler, Palma de Mallorca, 1975

Murray, Donald, „La Casa y el Tiempo“, ed. Olañeta, Palma

Pascual, Aina, „Jardines de Palma“

Prats, Nicolas, „Mallorca, description de 1817“, Palma, 1975

Rusiñol, Santiago, „Majorca: The Island of Calm“, Barcelona, 1958

Saint-Sauveur, André Grasset de, „Voyage dans les îles Baléares et Pithiuses“, 1807; Nachdruck Palma, 1952

Sand, George, „Un hiver à Majorque“, trans. and ed. Graves, Robert, 1838, Nachdruck London, 1956

Schezen, R. and Junquera, Juan José, „Spanish Splendour: Palaces, Castles and Country Houses“, Rizzoli, New York, 1992

Segura, Miquel, „Possessions de Mallorca“, Mallorca, 1988

Seymour, Miranda, „Robert Graves: Life on the Edge“, New York, 1995

„Trim's Guide: How to live in Majorca“, Palma de Mallorca, 1957

Vuillier, Gaston, „Les Isles Oubliées“, Paris, 1893

Wood , Charles, W., „Letters from Majorca“, London, 1888

LINKE SEITE: *Teilansicht der Dekoration am Dach von S'Estaca.*

SEITE 222: *Teilansicht einer Kommode aus dem 17. Jh. in Ca Dona Mira.*

IHS

Register

Kursive Seitenzahlen verweisen auf die Abbildungen und die Bildunterschriften. **Fettgedruckte** Seitenzahlen beziehen sich auf den Haupthinweis im Text.